Selbstverteidigung für Frauen

12,80

1290

ECON Ratgeber
Lebenshilfe

Hans-Gerd Niederstein

Selbstverteidigung für Frauen

Erfolgreiche Abwehr durch einfache Praktiken

ETB
ECON Taschenbuch Verlag

CIP-Kurztitelaufnahme der Deutschen Bibliothek

Niederstein, Hans-Gerd:
Selbstverteidigung für Frauen: erfolgreiche Abwehr durch einfache Praktiken/
Hans-Gerd Niederstein.
Orig.-Ausg. – Düsseldorf: ECON Taschenbuch Verlag, 1986
(ETB 20180; ECON Ratgeber: Lebenshilfe)
ISBN 3-612-20180-8

Originalausgabe

Umschlagentwurf: Ludwig Kaiser
Titelfoto: Photo-Design-Studio Gerhard Burock
Fotos: Jens Gottschalk

Satz: Computersatz Bonn GmbH, Bonn
Druck und Bindearbeiten: Ebner Ulm
Printed in Germany
ISBN 3-612-20180-8

Inhalt

Vorwort

Mit diesem Buch möchte ich den vielen Mädchen und Frauen außerhalb der Vereine und Schulen, aber auch den Frauen, die sich seit langem mit der Selbstverteidigung befassen, einen Beitrag leisten, der speziell für sie gedacht und ausgerichtet ist.
Mir liegen keine Hinweise über asiatische Frauen der Frühzeit vor, die sich in einer besonderen Form ausgebildet hätten, um sich gegen männlich starke Angriffe wehren und verteidigen zu können. Der niedrige Rang des Weibes in der morgenländischen Gesellschaft ließ kaum eine gemeinsame Schulung zu Kriegern zu.
Es ist möglich, daß irgendwo und irgendwann so etwas bestanden hat. Mir ist es nicht bekannt. Aus diesem Grund kann ich nicht die Geschichte zu Rate ziehen und mich auch nicht auf sie berufen.
Wie wichtig es für Frauen heute ist, sich in Notfällen verteidigen zu können, darüber besteht sicher kein Zweifel. Die folgenden Zahlen untermauern sehr drastisch die Notwendigkeit der Selbstverteidigung.
Aus einer Untersuchung zweier Frauenorganisationen geht hervor, daß in Deutschland alle 4–7 Minuten sexuelle Gewalt an Frauen ausgeübt wird. Bei etwa 7 000 angezeigten Fällen liegt die Dunkelziffer weitaus höher – Kriminologen sprechen von 70 000 bis 140 000 versuchten oder vollendeten Vergewaltigungen pro Jahr.
Wie notwendig ist es also, sich als Frau bei diesen Angriffen zu wehren. Es ist furchtbar, sexueller Gewalt ausgeliefert zu sein, doch welche Demütigung bedeutet es erst, sich nicht wehren zu können.

Ich teile in diesem Buch eine Selbstverteidigung mit, die meiner persönlichen Einstellung entspricht. Es werden Techniken mit und ohne Waffen gelehrt, entgegen der Meinung anderer anerkannter und guter Lehrer und Verbände, die stets die waffenlose Selbstverteidigung auf ihre Fahnen geschrieben haben.
Die vorgestellten Übungen und Verteidigungsformen sind so aufgebaut, daß Sie diese kontinuierlich nachvollziehen und auch in Ihrer Wohnung üben können.
Dieses Buch soll ebenfalls – nach über 30jähriger Tätigkeit im Geiste einer so großen Lehre – ein dankender Gruß an alle meine Schüler sein, die mir stets Ansporn und Stütze waren. Die Vitalität und Aktivität junger Meister paaren sich heute mit meiner erlangten Reife und Erfahrung.
Dieser gelehrten Form – einer guten Selbstverteidigung – muß Erhaltung und Anerkennung geschenkt werden.
Bei der Schaffung dieses Buches standen mir, wie stets in meinem Leben, Freunde zur Seite.
Ich bedanke mich von Herzen bei
Susanne A. Jansen (4. Dan Jiu-Jitsu, 2. Dan Judo)
Dieter Lösgen (9. Dan Jiu-Jitsu, 1. Dan Judo)
Dieter Mäß (5. Dan Jiu-Jitsu, 1. Dan Judo)
Jens Gottschalk (1. Dan Jiu-Jitsu).

Grundlagen

Warum ist Jiu-Jitsu ein zu empfehlendes Verteidigungssystem für Mädchen und Frauen?

Wir kennen sehr viele Selbstverteidigungsformen, die in ihrem System so geschaffen sind, daß sie für eine konsequente Verteidigung gegen von Natur aus stärkere Gegner ausreichen und besten Erfolg versprechen. Jeder Interessent hat sich den ihm zugeschriebenen Weg gesucht. Wenn ich mich nun frage, welche Verteidigung einer Frau am meisten entspricht, die nicht die äußere starke Beschaffenheit mitbringt, wie es beim Manne der Fall ist, würde ich eine Verteidigungsform empfehlen, die technisch so aufgebaut ist, daß sie auch von Menschen ausgeführt werden kann, die nichts mit einem Herkules gemeinsam haben.
Wenn wir uns die Verteidigung beim Boxen anschauen, so kann man diesen Sport für Frauen weitgehend ausschließen; ebenso das Ringen. Hier werden Muskeln gebraucht, die dem weiblichen Körper fremd sind.
Karate wird bereits von einigen Frauen mit Erfolg betrieben. Es ist ein sportliches Kampf- oder Turniersystem, das natürlich nicht alle Frauen anspricht und auch nicht für alle geschaffen ist. Ebenso ist es mit dem koreanischen Taekwondo.
Als Turnierform ist auch das weit geschmeidigere Judo anzusehen. Die elegante Ausführung runder Techniken ist allen Frauen eher für die Selbstverteidigung zu empfehlen.
Doch eines muß klar sein: Wenn Sie z. B. Karate oder Taekwondo wählen, wird eine Verteidigung erlernt, die primär für die Distanz gedacht ist. Diese Systeme sind durch ihren sportlichen Aufbau und Grundzug nicht komplett. Beim wirklich schönen Judo wird vorrangig im Nahkampf ausgebildet. Es fehlt also für eine erfolgreiche Selbstverteidigung das gute Gemisch, das keine

Lücke aufweist, weil es nur der Verteidigung auf der Straße dienen soll.
Hier empfehle ich das ethisch hervorzuhebende Aikido. Eine herrliche Form von durchdachten Techniken und Bewegungen. Aikido ist für Frauen geeignet, die sich langfristig mit diesem »kampflosen Kampf« befassen wollen. Aikido, so sagt man in Fachkreisen, beginnt erst mit dem 3. Meistergrad.
Eine direkte Art der guten Selbstverteidigung bietet *Jiu-Jitsu.* Wie in allen asiatischen Kampf- und Verteidigungssystemen ist Jiu-Jitsu ein auf Naturgesetzen basierendes System. In ihm sind Techniken der Distanzsportarten, des Nahkampfs, des Aikido, des Ringens und des Boxens enthalten. Hier finden Sie Verteidigungsformen gegen bewaffnete Angriffe, einfache Angriffe oder auch das Abwehren mit der Waffe, um sich gesetzwidrigen Attakken zu widersetzen.

Die geschichtliche Entwicklung des Jiu-Jitsu

In Indien hatte sich – von der Massagekunst ausgehend – ein Griffsystem entwickelt, das die körperempfindlichen Stellen entdeckte.
Zu einem nicht bestimmbaren Zeitpunkt gelangte dieses System über China nach Japan. Dort fand eine Weiterentwicklung durch die japanischen Ritter (Samurai) statt, die zu einer Kriegskunst »Yawara« führte und in deren Kreisen streng geheim gehalten wurde.
Erst Anfang des 18. Jahrhunderts entstand der Name »Jiu-Jitsu«. Die Entstehung des Namens geht auf die Beobachtungen in der Natur zurück. So wird erzählt, daß zur Winterzeit ein Kirschbaumast seine Lage unverändert beibehielt, jedoch durch die Last des Schnees brach. Er setzte also Kraft gegen Kraft und die stärkere der beiden siegte, indem sie die andere vernichtete. Der Zweig des Weidenbaums aber gab dem Druck nach, beugte sich zum Boden, ließ den Schnee abrutschen und kehrte in die alte Lage zurück. Es zeigte sich, daß das Nachgiebige schließlich immer als Sieger dastand.
»Jiu« heißt sanft oder nachgiebig und »Jitsu« Kunst.
Jiu-Jitsu ist also die Kunst, durch Nachgeben zu siegen.

Vorbereitung auf die Übungen

Eine gute Vorbereitung auf ein vollwertiges, aufbauendes Training bedarf einiger Minuten der Versenkung und Sammlung.
Ich empfehle, diese Minuten der Stille zum Anfang in Ihr Übungsprogramm einzubauen.
Gehen Sie in Gedanken Ihrem Atem nach, in voller Hingabe an den Gedanken:

»Nicht ich atme –
Es atmet mich.«

Verschmelzen Sie mit diesem Gedanken und werden Sie eins mit der Fülle Ihres Atems.
Bei Ausführung der gymnastischen Übungen wird stets versucht, weiter den Atem zu »fühlen«: »*Er* durchströmt mich – *Er* atmet mich«.
Beim Schließen der Augen kommt es darauf an, sich selbst zu fühlen. Der vorherrschende Gedanke lautet: »*Es* bewegt mich, *Es* lockert und spannt mich, *Es* atmet mich«.

Körperschule

Japaner, Koreaner, Chinesen, Niederländer, Schweizer usw. sah ich vor Beginn ihres Trainings gymnastische Übungen ausführen.
Man kann sagen, daß so viele gymnastische Methoden existieren, wie es Meister gibt.
Erfahrungsgemäß ist aber für jeden nicht jede Übung gut. So erkennt man den guten Meister bereits an der guten Übersicht in der Körperschulung.
Eine gute Körpererbauung hat nichts mit der Länge und Dauer dieser Schulung zu tun. Der Grund dieses Vortrainings ist das Warmmachen der Muskeln und Bänder, damit das Auftreten von Verletzungen verhindert wird.
Das gute Lehrerauge konzentriert sich auf das individuelle Leistungsvermögen seiner Schüler. Es bestehen unterschiedliche Altersstufen und sicherlich auch unterschiedliche gesundheitliche

Voraussetzungen. So erkennt man den Hypertoniker (Bluthochdruck) an der rotblauen Gesichtsfärbung bei Überanstrengung. Der gute Lehrer muß sein Maß und Ziel wissen. Ebenfalls muß es dem guten Ausbilder klar sein, daß große Anstrengung viel Energie verbraucht, daß Maß und Ziel aber Energie schont. Bei Spitzensportlern mit Hochleistungsniveau sind andere Voraussetzungen gegeben und auch notwendig.
Ich habe den japanischen Weltmeister im Judo-Leichtgewicht, Nagatani, bei der Gymnastik beobachtet und festgestellt, daß sich im »Wenigen« der Meister zeigt.
So ist es für Frauen nicht notwendig, muskelbildende Übungen auszuführen. Eine schnelle, konditionsstärkende, lockere Körperschule ist ausschlaggebend.
Sie können also einfache gymnastische Übungen zum Aufwärmen durchführen und sich dann den folgenden Aufgaben widmen.
Bei manchen Übungen können die Augen geschlossen werden, um die Konzentration zu schulen und zu stärken.
Dabei wird dem Atem nachgegangen und sein Lauf verfolgt.
Es wird über das Zwerchfell geatmet. Der Gedanke an die eigene Gesundheit und die Stärkung des Körpers soll vorherrschen.

Fallschule

Das Fallen ist eines der wichtigsten Dinge in der Selbstverteidigung. Fallen heißt den Körper beim Fall in der richtigen Position zur Erde bringen. Ein guter Faller fällt nicht, er »setzt auf«, wie ein guter Segelflieger.

Nehmen Sie den Weg der Natur, und beobachten Sie ein Kleinkind. Es nutzt unbewußt die natürliche Fallkunst.

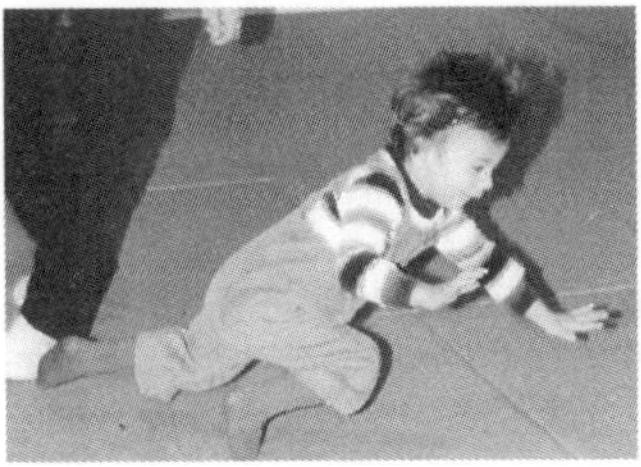

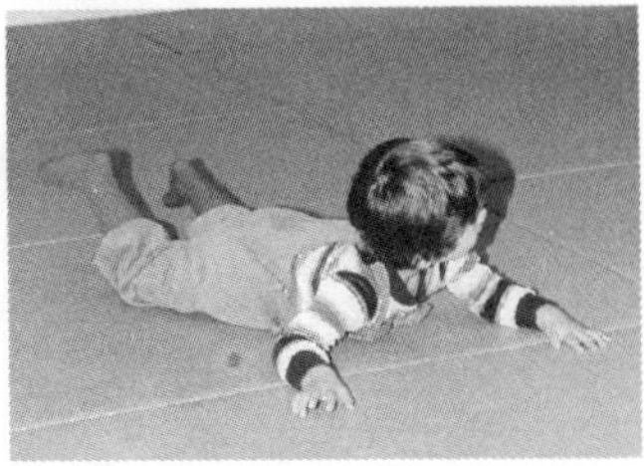

Wir lernen bei einem Sturz nach vorne, den Körper gestreckt zu halten und ihn auf keinen Fall mit den Knien und den Händen oder Ellenbogen abzufangen. Ältere Menschen sieht man im Winter oft auf vereisten Wegen in dieser falschen Position hart hinfallen. Der Körper bleibt also gestreckt. Die angewinkelten Innenarme fangen mit der Weichseite der Arme den Sturz ab; der Körper liegt hohl. Das Kleinkind fällt ähnlich. Es hat die Kraft und Körperbeherrschung noch nicht, den Körper hohl abzufangen, doch streckt es Arme – bildet also keine Ecken – und hebt das Kinn hoch, damit es die Erde nicht berührt.

Sturz nach vorne falsch

Sturz nach vorne richtig

Viele Frauen ängstigen sich vor dem Fallen. Das ist unbegründet. Wenn man Selbstverteidigung erlernt, sollte man jedoch nicht von einem Judoausbilder die Judofallschule übernehmen. Sie ist auf den Turniersport ausgerichtet und nicht für den Sturz auf der Straße. Das gestreckte aufschlagende Außenbein könnte sich auf dem Pflaster sehr verletzen. Die folgenden Darstellungen verdeutlichen den Unterschied.

Die Jiu-Jitsu-Rolle

Füße und linke Hand bilden ein Dreieck.

Anschließend wird die rechte Kleinfingerseite mittig aufgesetzt und über den gesamten gestreckten Arm zur Schulter abgerollt. Dabei wird nach links geschaut und das Kinn angezogen.

Die Endphase der Judorolle. Das linke Bein bleibt gestreckt.

Bei der Jiu-Jitsu-Rolle wird das linke Bein in der Luft angewinkelt, . . .

. . . so daß man in den Kniestand rollt.

Von da aus folgt der Übergang in die Angriffs- bzw. Verteidigungsstellung.

Fallen können Sie erst dann richtig, wenn Sie »intuitiv« den Fall »geschehen lassen«. Denken Sie nicht, wenn Sie fallen, und fallen Sie nicht, wenn Sie denken.

Bei dem Fall nach hinten ist darauf zu achten, daß das Kinn zur Brust genommen wird und dadurch der Kopf angehoben ist.

Sie werden bald sehen, daß es nicht allzu lange dauern wird, bis Sie fallen, ohne zu denken. Wer im Leben aufsteigen will, muß sich erst einmal fallen lassen!
Legen Sie die Betonung auf *lassen*.
Lassen Sie sich fallen, *lassen* Sie es in sich atmen, *lassen* Sie sich werfen.
Sie dürfen nicht verkrampfen oder verspannen. Sie müssen *gelassen* sein, weich sein.
Was weich ist, kann sich nicht verletzen! Hart und starr ist die Form des Todes. Hartes bricht, Hartes splittert! Weiches ist geschmeidig.
Weiches fängt Hartes auf, ohne Schaden zu nehmen!
»Hart ist Weich – Weich ist Hart«.

Wichtige Grundzüge der Selbstverteidigung

Wann kommt es zu einem Überfall?

Überfall leitet sich her von über dem Fallenden, über dem zu Boden Gerissenen sein. Die Ansicht des Laien, wer oben läge, habe gewonnen, ist falsch. Der Außenstehende vergißt, daß nur der Sieger ist, der den Gegner unter Kontrolle gebracht hat. Dazu benötigt man entweder mehr Kräfte als der Angreifer oder aber bessere Techniken. Hinzu kommt noch eine Portion Angriffsgeist, der wiederum ein Kind des Zorns oder des Selbsterhaltungstriebes ist; eines der stärksten Triebe in jedem Menschen.

Dic »Oben-« oder »Untenlage« ist dabei nicht von Bedeutung. Ständiges Training macht hier stets den Meister. Durch Training stabilisiert man das Reaktionsvermögen, durch Training steigert man Mut und Selbstsicherheit, durch Training erwirbt man eine vollkommene Technik!

Durch Reaktion und Technik wird der Wille des Gegners, sein Opfer zu unterwerfen, zunichte gemacht.

Der Angreifer bringt sein »Motiv« bereits zum Tatort mit, welches nur selten erkennbar ist.

Er wählt nun die Momente, die ihm offen sind:

- die unpassende Zeit, sich in der Öffentlichkeit zu bewegen;
- den unpassenden Ort;
- eine nicht stabile Verfassung des Opfers;
- mangelhafte Aufmerksamkeit;
- ungenügendes Mißtrauen.

Wenn Sie diese 5 Momente nicht außer acht lassen, haben Sie schon viele Gefahren ausgeschaltet.

Sie können Ihre erlernten Abwehrtechniken in der Schublade lassen. Eine nicht stattgefundene Schlacht ist eine gewonnene Schlacht.

Was heißt nun *unpassende Zeit*? Zu allererst einmal ist es die Dunkelheit. Wenn Sie es eben vermeiden können, so begeben Sie sich nicht spätabends oder zur nachtschlafenden Zeit auf die Straße. Wenn Sie es aber, aus welchen Gründen auch immer, nicht ändern können, dann beachten Sie unbedingt die auf Seite 22 ff. angegebenen Verhaltensregeln in der Dunkelheit.
Was unter dem *unpassenden Ort* zu verstehen ist, ist leicht erklärbar. Da sind zuerst Orte, die für Frauen Gefahren in sich bergen. Stillgelegene, dunkle Straßen, Fußgängerunterführungen und auch Orte, die einsam und verlassen liegen – vielleicht von natürlichem Reiz sind –, aber gemieden werden sollten.
Wenn von *stabiler Verfassung* gesprochen wird, so ist die körperliche Gesundheit gemeint. Unterlassen Sie Ausflüge, die für Sie zur Falle werden könnten. Besonders dann, wenn Sie sich körperlich gehandicapt fühlen oder Ihr inneres Gleichgewicht nicht in der Waage ist. In diesem Zustand sind Reaktion und Entschlossenheit abgeschaltet.
Im 4. Moment geht es um die *mangelhafte Aufmerksamkeit.* Damit ist die Zerfahrenheit und geistige Nachlässigkeit gemeint, die die Aufmerksamkeit ausschaltet.
Der 5. Moment warnt vor *ungenügendem Mißtrauen.* Die täglichen verbrecherischen Vorkommnisse, die in der Presse abgehandelt und mitgeteilt werden, sind vielfach auf die Leichtgläubigkeit und das ungenügende Mißtrauen gegenüber Menschen zurückzuführen. Erhalten Sie sich ein gesundes Mißtrauen gegen jedermann. Das Mißtrauen hat uns die Natur geschenkt, damit wir gegen Hinterlist jeder Art gefeit sind.
Begeben Sie sich also nicht unnötig in Gefahr.

Die »3 M«

Abwehr und Angriff sind vom Gesetz dieser »3 M« geprägt:
Motiv, Moment, Methode.
Vor einer Abwehr oder einem Angriff muß das *Motiv* bereits bekannt sein, wenn alles recht gelingen soll.
Handeln Sie nicht blind, sondern warten Sie den rechten *Moment*

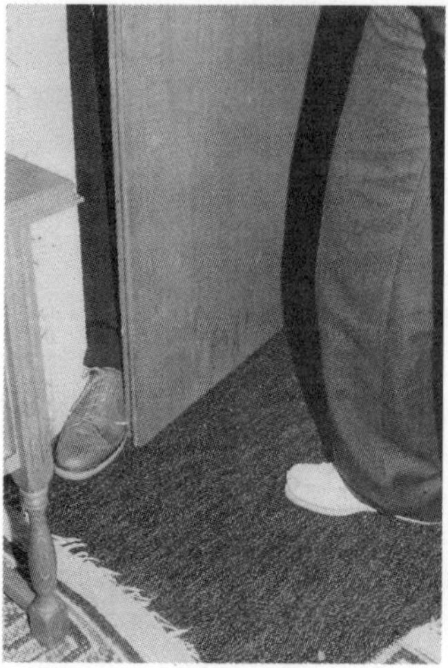 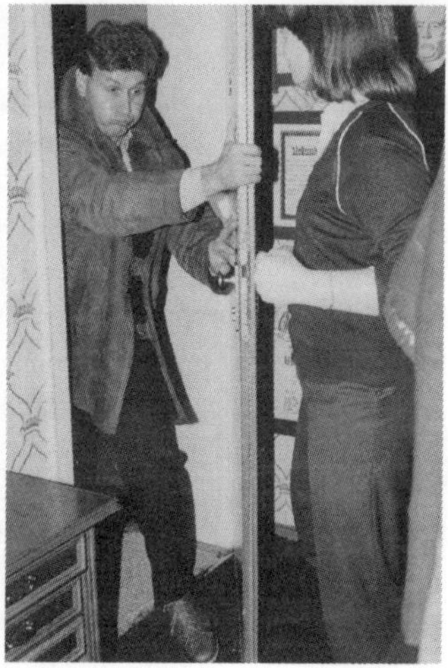

ab und wählen Sie dann die rechte *Methode,* wirksam und schnell.
Ebenso kann es sich aber um einen plötzlichen Angriff handeln. Ihre Wachsamkeit, wenn Sie Selbstverteidigung trainiert haben, muß so groß sein, daß Sie stets damit rechnen, angegriffen zu werden. Motive dafür gibt es genug.
Wenn Sie wöchentlich üben, sind Sie so gefestigt, daß bei Ihnen die Schrecksekunde kaum ins Gewicht fällt. Der plötzliche Angriff, auf den Sie sich nicht – wie oben erwähnt – vorbereitet haben, der nur von Angriff und Reaktion geprägt ist, bietet eine sehr gute Voraussetzung für einen Erfolg.
Das Motiv für *Überraschungsangriffe* kann u. a. Raub, Einbruch und Sexualverbrechen sein. Wenn der Angriff auch noch so negativ für Sie war und Sie sich vielleicht schon in der Bodenlage befinden, warten Sie den richtigen Moment ab, und vergeuden Sie keine Kraft und keine Kondition, denn Ihr Angriff kommt, wenn auch etwas später, aber im *richtigen Moment* mit der *richtigen, erfolgreichen Methodik.*
In dieser Bilderreihe drückt die Frau die Tür zu und wartet den Gegendruck des Angreifers ab. Jetzt öffnet sie plötzlich die Tür und trifft den Aufdringling hart durch einen Schlag ins Gesicht.

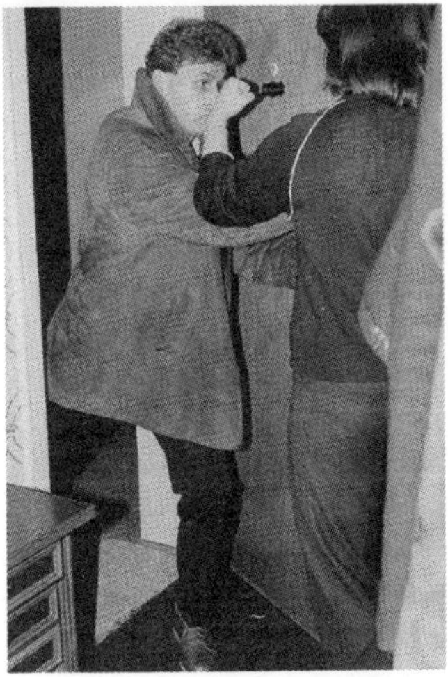

Dann steht noch die 3. Angriffsart aus, die meist als Gefühlsexplosion während eines Geschehens eingeleitet wird – der *Angriff im Affekt.*

Der Moment bei einem solchen Angriff sollte vorhergesehen werden, sozusagen empfunden werden.

Man hat also Zeit, den Moment zu erkennen. Man könnte so z. B. durch ein vorzeitiges Ausweichen (Aus-dem-Weg-Gehen) erfolgreich sein.

Wenn Sie sich jedoch dem Kampf stellen wollen oder situationsgemäß müssen, dann wählen Sie die Sekunde *vor* dem Ziehen einer Waffe, *vor* dem Wurf mit einer Vase oder sonstigen Dingen zum Angriff. So haben Sie den Moment bestimmt. Greifen Sie dann gezielt an!

Haben Sie wider aller Erwartung den rechten Moment vor der Attacke verpaßt, dann lassen Sie den Gegner angreifen.

Versuchen Sie durch »Ausweichen«, »Blocken« oder »Deckungnehmen« momentanen Schutz zu erzielen. Führen Sie Ihren Konterangriff in den ersten Sekunden nach dem Sturm und der Erschlaffung des Gegners mit einer konsequenten Technik bis zur Aufgabe des Angreifers aus.

Wie verhalte ich mich in der Dunkelheit?

Hierzu ist es sehr lehrreich, Katzen bei Tage und in der Nacht zu beobachten. Ihr natürlicher Instinkt ist etwas, das uns durch die Zivilisation abhanden gekommen ist.
Katzen beugen der Gefahr vor und schreiten nicht nur graziös, sondern bedacht ihres Weges. Ich selbst habe – weil mein Beruf es mir so einrichtete und ich in der Nacht Streife gehen mußte – etliche Techniken und Taktiken von diesen Katzen übernommen. Ich muß sagen, mit Erfolg.
Wenn Sie es nun nicht anders einrichten können und sich in der Nacht allein auf der Straße befinden, verhalten Sie sich so, wie es im folgenden beschrieben wird.
Gehen Sie nicht auf dem Bürgersteig nahe an Haustüren und Toreinfahrten vorbei.

Auch hinter einer kleinen Mauer kann ein Gegner stehen. Umgehen Sie die Mauer mit Abstand!

Gehen Sie nicht nahe an Hecken und Sträuchern entlang,

sondern schaffen Sie eine Distanz, und benutzen Sie die Bordsteinkante oder die Straße.

Ein im Versteck verharrender Mann müßte einen Anlauf nehmen, und ihre Distanz würde Ihnen Zeit lassen, die Schrecksekunde zu überwinden. Wenn Sie nun auch noch auf einen plötzlichen Angriff gefaßt sind und nicht träumend Ihres Weges gehen, werden Sie den Angreifer blitzschnell niederschlagen.
Nutzen Sie den Schatten der Häuser für Ihre Deckung. Unterdrücken Sie nicht Ihre Angst durch lautes Flöten oder Singen, denn damit wecken Sie »schlafende Hunde«.
Wenn Sie Ecken passieren, gehen Sie nicht einfach in leichtem

Bogen um sie herum, sondern schneiden Sie, wie es die Katze tut, diese Ecke eng, fast mauernah. Oder aber gehen Sie in weitem Bogen um die Ecke. Ein dahinter verborgener Mann ist somit nicht in der Lage, plötzlich und günstig anzugreifen.
Halten Sie eine Kleinwaffe in der Hand, um sie im Falle eines Überfalls zu gebrauchen.
Sollten Sie empfinden, daß jemand hinter Ihnen hergeht, überprüfen Sie zuerst, ob es sich um eine Frau oder einen Mann handelt. Wechseln Sie gegebenenfalls die Straßenseite; oder bleiben Sie plötzlich stehen, und schauen Sie in ein erleuchtetes Schaufenster, auch wenn diese Verhaltensweise noch so schwerfällt, und suchen Sie »zum Schein« in Ihrer Handtasche.
Halten Sie aber kein Auto an, um schnell vom Ort des Geschehens wegzukommen. Sie könnten vom Regen in die Traufe kommen.
So ist es auch, wenn Sie des Nachts ein Autofahrer belästigt. Entweder suchen Sie sofort eine Telefonzelle auf – wenn es geht unauffällig, nachdem Sie sich vorher die Autonummer gemerkt haben – und rufen von dort die Polizei an, oder aber halten Sie die flache Hand auf die Schellen eines Hauses.
Wenn mehrere Männer in einem Wagen Sie dumm ansprechen, oder aufdringlich werden, schellen Sie mit Sicherheit!
Nutzen Sie bei Tage oder zur Nacht Schaufenster oder Taschenspiegel, um sich von der hinter Ihnen gehenden Person ein Bild zu machen.

Nutzen Sie bei Tage Straßenbahn und Omnibus, um sich zu entfernen, und schauen Sie, ob der Verfolger mitfährt. Nutzen Sie nachts Taxen, um den Ort der Gefahr zu verlassen, und erzählen Sie dem Taxifahrer von Ihrer Not.

Wenn Sie von einem Autofahrer verfolgt werden, gehen Sie in die nächste Einbahnstraße, um sich von ihm zu lösen. Versuchen Sie immer, die Übersicht zu behalten. Bleiben Sie ruhig, und denken Sie daran, in der Nacht stets eine Kleinwaffe bei sich zu tragen. Benutzen Sie diese mit aller Entschlossenheit und Kraft.

Denn alles ist Maß, Zahl und Gewicht

Das ist auch in der Selbstverteidigung ein alter Grundsatz. Denn das Maß eines Angreifers, die Anzahl der Gegner und das Gewicht eines Gegners spielen eine sehr große Rolle.
Da steht Ihnen z. B. ein *großer Mann* gegenüber, der durch seine Größe sozusagen »über« der Sache steht. Es kann sein, daß so ein großer Mensch lässig in seinen Gebärden ist und dadurch zahlreiche Lücken in seinem Kampfverhalten hat.
Wenn Sie von einem *mittelgroßen Mann* angegriffen werden, sollten Sie sofort wissen: Diese Kämpfer sind stark, schnell und gut in ihrer Reaktion. Sie suchen meist den Clinch, den körperlichen Kampf.

Da gibt es aber noch den *kleinen, nervös-schnellen Typ*. Er greift, wenn seine Kraft nicht ausreicht, gerne zur Waffe.
Ein sehr *kräftiger Typus* läßt Sie, wenn er Sie zu fassen bekommt, nicht mehr los. Da er sich seiner Kraft so bewußt ist, wird er selten mit einer Waffe angetroffen. Seine starken Arme und seine große Kraft unterbinden schnelle Bewegungen.
Die Anzahl der Gegner ist für uns ebenfalls von großer Bedeutung. »Viele Hunde sind des Hasen Tod«, sagt ein altes Sprichwort, das man bedenken sollte.
Wählen Sie die kampflose, trickreiche Form, um aus einer solchen Situation zu entfliehen. Verhalten Sie sich wie eine Ratte, die sich nur dann zur Wehr setzt, wenn sie in die Enge getrieben wird.
Nun zum Gewicht. Es spielt selbstredend bei einer körperlichen Auseinandersetzung eine immense Rolle.
Das Bewegen eines starken, schweren Gegners ist immer dann kompliziert, wenn er sich selbst nicht durch Eigenbewegungen aus dem Gleichgewicht bringt.
Aber resignieren Sie nicht. Wenn Sie ernsthaft trainieren, haben Sie selbst dann ausgezeichnete Möglichkeiten, erfolgreich aus dem Kampfgeschehen zu schreiten. Vergessen Sie aber nie:
Gewinnen oder Verlieren ist nur die Sache eines Augenblicks!
Aber nicht nur das Gewicht ist hier ausschlaggebend; sondern primär das Gleichgewicht. Das »innere« Gleichgewicht und das »äußere« Gleichgewicht sind das A und O bei der Ausführung von Techniken.
Der Japaner spricht in diesem Falle von »Hara«. Er strebt dabei einen starken Mittelpunkt im Inneren an, der sich drei Finger breit unter dem Nabel befindet.

Empfindliche Stellen des männlichen Körpers

Die folgenden beiden Graphiken zeigen Ihnen verschiedene Merkmale am Körper des Mannes, die für Ihre Abwehren ungeheuer wichtig sind. An diesen Stellen und Körperzonen kann die Stärke jedes Mannes gebrochen werden. Voraussetzung ist allerdings der kontrollierte, leidenschaftliche Angriff Ihrerseits.

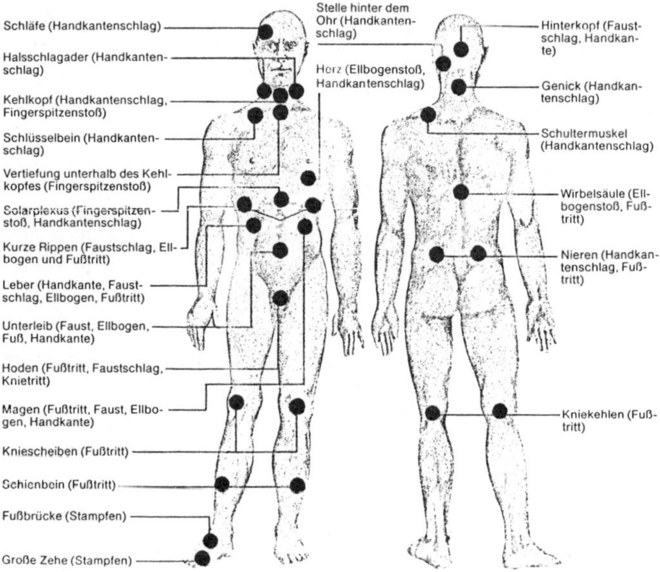

Bei Betrachtung dieser Graphiken sollte nicht übersehen werden, daß der Mann äußerlich stärker ausgestattet ist als die Frau. So würde ein mittelmäßiger, leidenschaftsloser Schlag, z. B. auf seine ausgebildeten Bauchmuskeln, wenig Wirkung zeigen. Dieser Schlag müßte mit aller Wucht eines zornigen Angriffs von oben her in seine Magengrube geführt werden (s. Abb. S. 29).

Anders zeigen sich dagegen der Kehlkopf, das Gesicht in seiner Gesamtheit, die Wirbelsäule, die Schulterblätter, der Unterleib und die Beine.

Wenn eine Frau einen Angriff gegen den von Natur aus stärkeren Mann führt, geht in ihr einiges vor. Sie übersteigt ein Gesetz der Natur, indem sie ihre Angst überwindet, selbst zu Schaden zu kommen. Sie ist in Not und befindet sich im Verteidigungsnotstand. Das Dichterwort »Da werden Weiber zu Hyänen« ist nicht ausgesucht schön, doch für die Selbstverteidigung durchaus angebracht. Es teilt die Gemütsstimmung einer Frau mit, die sich

»herablassen« muß, um sich zur Wehr zu setzen. Nur in dieser Gemütsverfassung hat sie die Chance, zu gewinnen.
Schauen Sie sich die Tiermütter an. Sie übersteigen eigene Gesetze, wenn es um das Leben des Jungen oder um das eigene Leben geht.
Wenn Sie sich in einer Notsituation befinden, halten Sie sich immer vor Augen, mit aller Ihnen zur Verfügung stehenden Energie zu *kämpfen.* Nur mit dieser Einstellung können Ihnen die Techniken der Selbstverteidigung nützlich sein.
Treffen Sie die Augen des Gegners in höchster Not mit Ihren Fingern. Schlagen Sie mit hohler Hand auf seine Ohren. Beißen Sie ihm in die Zunge, ins Ohr oder in die Nase. Kratzen Sie ihm ins Gesicht. Stecken Sie, ungeachtet ästhetischer Empfindungen, einen Finger ins Nasenloch, und kippen Sie den Nasenflügel hoch, damit er reißt. Greifen Sie mit Zeigefinger und Daumen so weit in den Adamsapfel, daß Sie bereits dahinter greifen. Reißen Sie ihm die Ohren von oben nach unten ein. Drücken Sie Ihre Finger auf die Nervenstellen hinter den Ohren.
Kämpfen Sie – damit Sie überleben!
Zeigen Sie, wer Sie sind: stark und machtvoll. Es ist Ihr Leben, und es kann kein anderer sich ungestraft daranmachen, um es zu schädigen!
Genauere Beschreibungen und Bebilderungen finden Sie dazu in dem folgenden Kapitel.

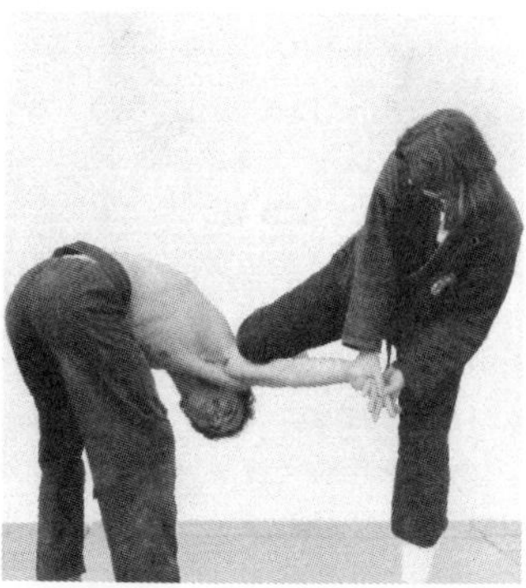

Der Angriff – wo, wann und wie?

Für die kämpfende Frau zeigt sich der ganze Mann. Sie schlägt, stößt, tritt, hebelt, würgt und wirft.

Es gibt Situationen, wo Sie den Angreifer mit Leichtigkeit aus dem Gleichgewicht bringen. Hier will er Sie mit seinem rechten Arm führen. Sie greifen mit links und Linksdrehung auf dem linken Fuß. Es folgt ein rechter Stoß vor die Schulter sowie gleichzeitig eine rechte Sichel in seine Kniekehle.

Der Kopf

Haare bedecken in den meisten Fällen den Kopf. Mal mehr, mal weniger, selten gar nicht.

Wann?

Zu den Haaren kann man in vielen Fällen gekonnt greifen. So zum Beispiel, wenn ein Würgegriff vor dem Fassen abgeblockt wurde und der Griff zum Haar dadurch möglich ist.

Wie?

Ein schneller, mit Energie geführter Griff ins Haar, ein starker Riß an den Haaren nach vorne unten, hinten unten oder zur Seite bringt den Gegner für Sekunden aus dem Gleichgewicht. Dieser Riß soll aber das eigentliche »Ausschalten« nur einleiten. Den Zug nach vorne unten kann man z. B. mit einem Kniestoß ins Gesicht mit Erfolg kombinieren.

Legen Sie alle Aktivität in diese Technik!

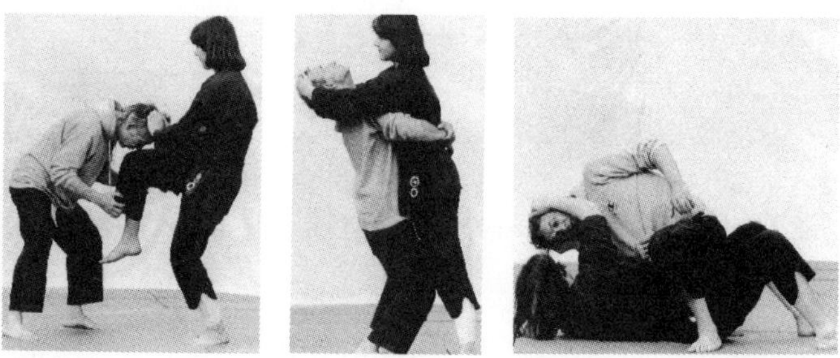

Die Augen

»Es sticht förmlich ins Auge«, sagt der Volksmund, wenn etwas sehr deutlich wahrzunehmen ist. Nehmen Sie diese Sprachdeutung wörtlich!

Wenn Ihnen einmal ein Tierchen »ins Auge« fliegt, reagieren Sie außerordentlich empfindlich. Wieviel mehr reagiert der Mann, wenn Sie ihm mit einem oder mit zwei Fingern die Augen attakkieren. Nehmen Sie ihm durch Augenstich oder Augendruck die Sicht; wer nicht sieht, kann nicht handeln!

Wann?

Zum Beispiel: Sie sollen vergewaltigt werden und befinden sich bereits in der Bodenlage. Das gleiche gilt auch bei allen lebensgefährdenden und gesundheitsgefährdenden Angriffen gegen Sie. Der Angreifer gibt dann für einige Sekunden sein Gesicht frei. Warten Sie geschickt den rechten Augenblick ab, und stoßen oder drücken Sie ins Auge.

Wie?

Diese Augenangriffe trainieren Sie an einem Stück Teppich oder Pappe, welches mit Löchern in Augenbreite versehen ist. Man sticht entweder mit einem Finger (Zeigefinger) oder mit zwei Fingern. Den Stoß mit einem Finger nenne ich »Ippon«, den mit zwei Fingern »Florett«.

Es muß Ihnen jedoch klar sein, daß Sie diesen Angriff nur in höchster Not führen dürfen – also in Notwehr –, denn je nach

Heftigkeit der ausgeführten Technik verliert der so Angegriffene eventuell das Augenlicht!

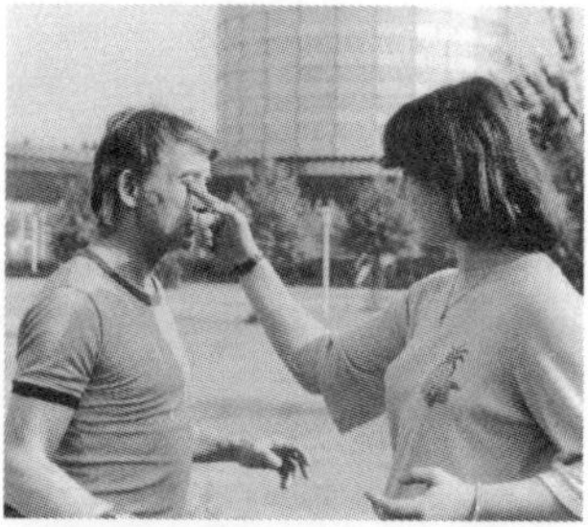

»Ipponstich«

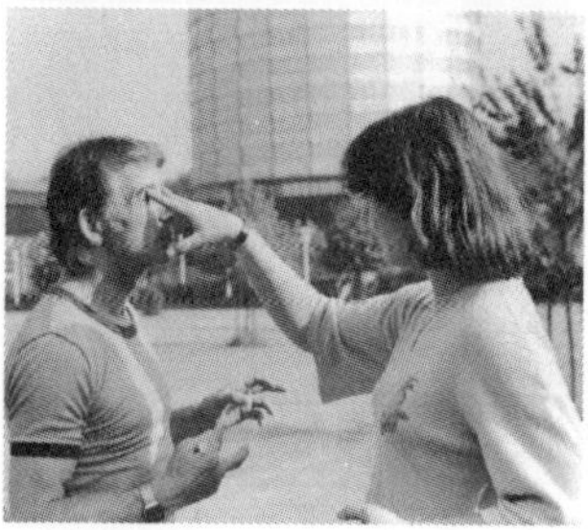

»Florettstich«

Die Schläfe

Es ist bekannt, daß ein Schlag gegen die Schläfe tödlich sein kann. Man braucht zu diesem Schläfenschlag keinen harten Gegenstand. Sie selbst sind bestens von der Natur ausgerüstet, um diesen Schlag mit Erfolg auszuführen.

Wann?

Es ist schwer, Ihnen zu sagen, wann Sie den Schlag mit Heftigkeit anbringen sollen. Diese Entscheidung muß ein jeder mit seinem Gewissen vereinbaren.

In Anlehnung an den Notwehrparagraphen kann dieses Abwehrmittel gerechtfertigt sein. Sie müssen sich aber tatsächlich in großer Lebensgefahr befinden.

Diesen Schlag kann man sowohl im Stand als auch in der Bodenlage gut anbringen. Doch um den Mann an der Schläfe tödlich zu treffen, bedarf es einiger Treffsicherheit und Kraft.

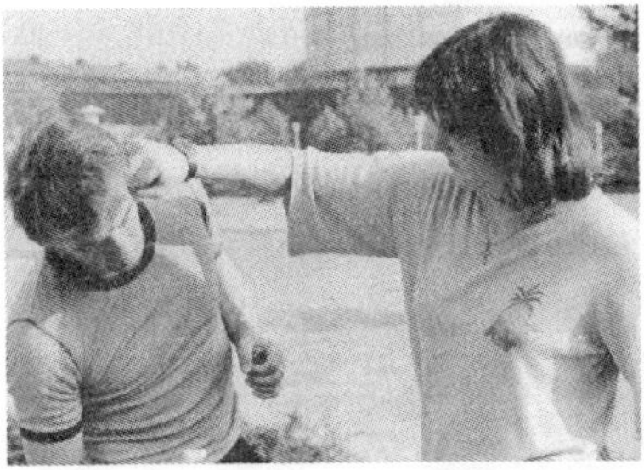

Wie?
Machen Sie eine Faust. Strecken Sie nun den Mittelfinger etwas vor, der Ihnen nun als Schlagwaffe dienen kann. Ebenso geht es mit der Faust, wenn Sie einen Rückfaustschlag ansetzen.

Das Ohr

Unweit des Auges und der Schläfe liegt das Hörorgan. Das Innenohr ist äußerst empfindlich und kann schnell verletzt werden. Schläge und Risse sind auch hier mit Erfolg anzuwenden.

Wann?

Bei einer unbefugten Umklammerung von vorne unter den Armen – wie sie schnell von Männern ausgeführt wird –, ist eine solche Abwehr gegen das Ohr des Angreifers angebracht.

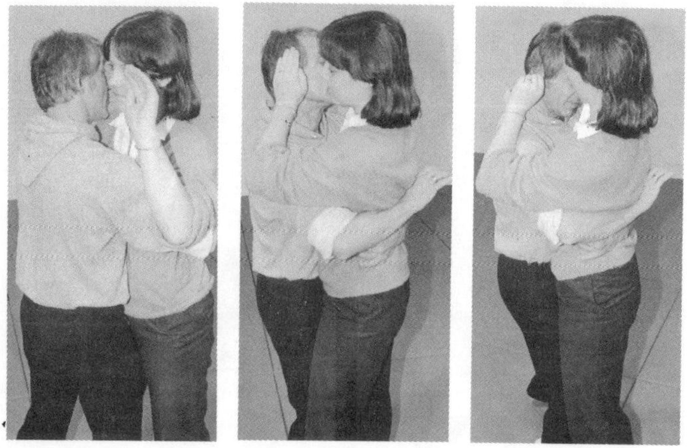

Wie?

Schlagen Sie mit Ihren hohlen Händen gegen die Ohren. Sie schaffen so eine Luftstauung im Ohr und können so das Trommelfell verletzen. Um die Ohren durch Riß zu verletzen, müssen diese mit Zeigefinger und Daumen so gegriffen werden, daß ein Riß nach unten möglich wird. So kann es zum Einreißen der Ohren kommen.

Die Augenbraue – die Nase – die Oberlippe

Sie haben sicherlich schon einmal Boxkämpfe beobachtet, bei denen einer der Kämpfer durch eine Augenbrauenverletzung aufgeben mußte. Die empfindliche Braue bietet sich förmlich an.

So auch die Nase, die weit im Gesicht vorsteht und dadurch Treffsicherheit bietet.
Ein gekonnter Schlag auf die Oberlippe kann bei dem Angreifer schweren Schaden anrichten. Hier kommen einige Gesichtsnerven zusammen und können durch einen Schlag eine Lähmung auslösen.

Wann?
Es kann bei einem Angriff in der Bodenlage sein; es kann bei

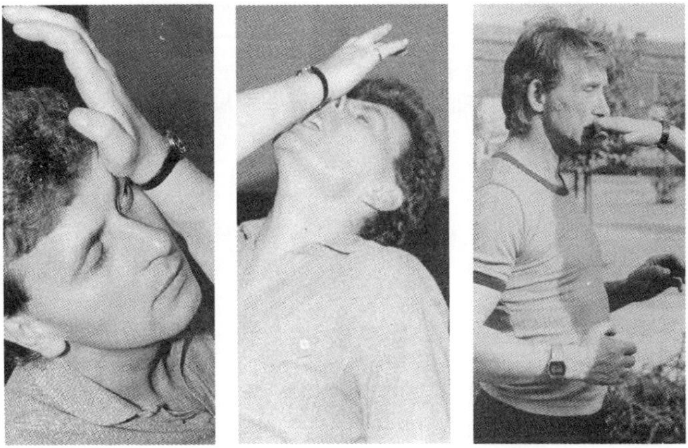

einer vorderen Körperumklammerung sein. Immer dann sind Angriffe gegen diese genannten Organe angebracht, wenn das Gesicht nicht verdeckt und deswegen zu erreichen ist.

Wie?
Führen Sie mit dem Ballen Ihrer Handinnenfläche Stöße gegen die Augenbraue oder die Nase aus. Im ersteren Falle werden Sie erreichen, daß das Augenlid einreißt und Schmerz verursacht. Im zweiten Falle können Sie das Nasenbein hoch in die Stirnhöhle treiben. In beiden Fällen kommt es zu schweren Verletzungen und dadurch zu Griffbefreiungen. Üben Sie diese Handballenstöße an Polstern, Bällen oder anderen Weichgegenständen.

Der Schlag oder Stoß zur Oberlippe wird mit dem Fingerknöchel ausgeführt. Wenn Sie die Finger der Hand so einknicken, daß die Mittelknochen vorstehen, dann haben Sie sich die Stoßwaffe geschaffen.

Der Hals

Der Hals bietet durch seine außerordentliche Empfindlichkeit am Vorderhals eine tadellose Angriffsmöglichkeit.
Der sogenannte Adamsapfel kann leicht eingedrückt werden. Am Hals sind weiterhin Würgemöglichkeiten gegeben.
Auch die Halswirbelsäule ist nicht unverletzbar und kann durch harte Schläge in Mitleidenschaft gezogen werden.
Obwohl manche Männer mit stark ausgebildeten Halsmuskeln ausgestattet sind, bleibt der Vorderhals weich.

Wann?

Was für Kopfangriffe gilt, ist auch für den Hals zutreffend.

Wie?

Daumen und Zeigefinger können tief in den Hals hinter den Kehlkopf greifen und den Angreifer würgen und auch verletzen. Ebenfalls kann man mit dem Unterarm oder mit dem Jackenkragen den Hals würgen, bis es zur Luftnot und/oder Aufgabe kommt.

Der Handkantenschlag gegen den Kehlkopf gehört zu den tödlichen Techniken. Mit diesem Schlag kann man dem Angreifer das Zungenbein brechen und ihn töten.

Es kommt also, wie zuvor, wieder auf die Situation und Einhaltung des Notwehrparagraphen – der Wahrung der Verhältnismäßigkeit – an.
Ich kann nicht bei einem aufgezwungenen Kuß mit einem tödlichen Handkantenschlag gegen den Kehlkopf reagieren.

Techniken der Selbstverteidigung

Der Inhalt einer Handtasche:
z. B.

- Stielkamm
- Haar-Drahtbürste
- Spiegel
- Zigaretten
- Hutnadel, Brosche, Schmucknadel
- Schlüsselbund, Autoschlüssel

Die oben aufgeführten Utensilien einer Handtasche können Ihnen in Gefahrenmomenten eine große Hilfe sein.

So ist der *Stielkamm* sehr gut als Stichwaffe einzusetzen. Mit ihm kann man nicht das Brustbein durchstoßen, aber dafür alle Weichteile des Körpers. Der Angreifer wird schwer verletzt und so an seinen gesetzwidrigen Handlungen gehindert.

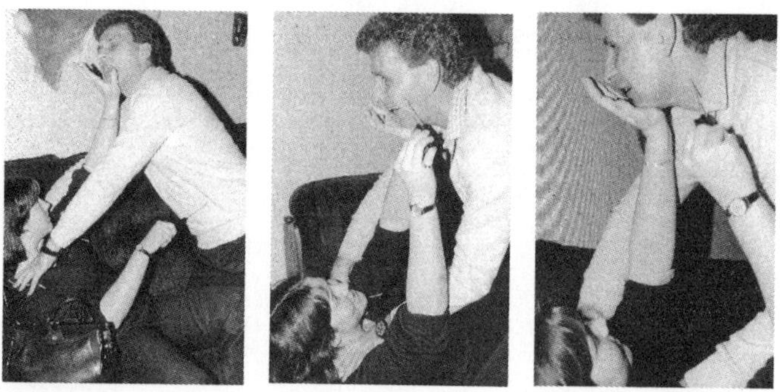

Einen *Spiegel,* den Sie in höchster Not zerbrechen und in das Gesicht des Gegners schlagen, ist ebenfalls von Bedeutung.

Eine im rechten Moment durch das Gesicht gezogene *Haar-Drahtbürste* lenkt den Angreifer einen Augenblick ab, daß man z. B. gut einen Tritt in den Unterleib anbringen kann, um dadurch den Täter außer Gefecht zu setzen:

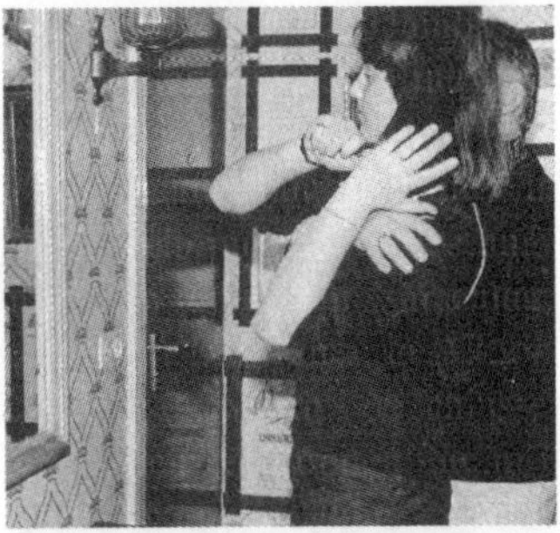

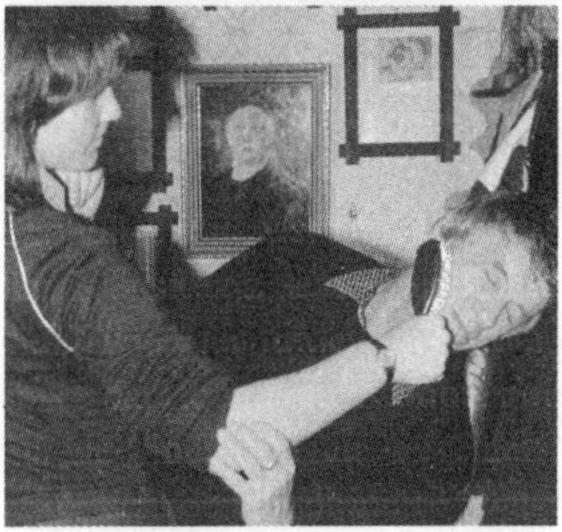

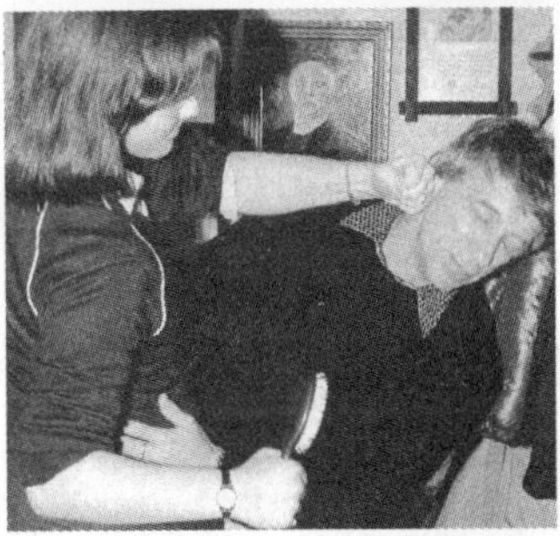

Was ist nun mit den *Zigaretten*? Sie werden in eine Lage gezwungen, die erkennen läßt, daß man Ihnen an Leib und Seele Schaden zufügen könnte. Versuchen Sie listig – in kontrollierter Selbstdisziplin –, einen Angriff vorzubereiten. Stecken Sie sich eine Zigarette an, und leiten Sie damit eine harte Attacke ein.

Stoßen Sie Ihrem Gegner die brennende Zigarette so ins Gesicht, als würden Sie diesen Zigarettenrest in einem Aschenbecher ausdrücken.

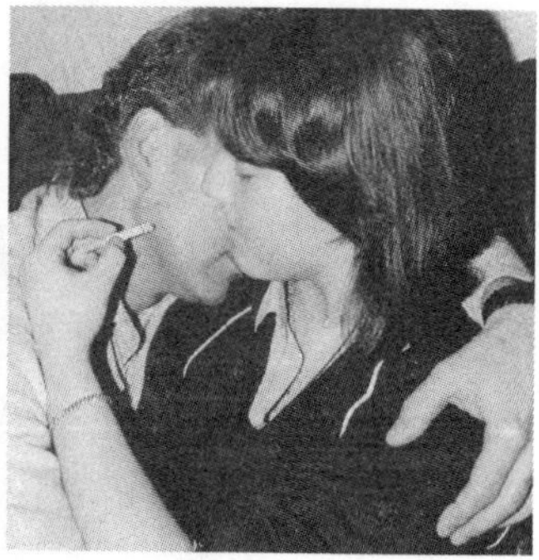

Stecken Sie ihm, wenn eine Möglichkeit dafür besteht, den brennenden Glimmstengel ins Hemd. Durch diese Schmerzen sind Sie in der Lage, die dadurch entstandene Deckungslücke anzugreifen, und zwar mit äußerster Wucht. Machen Sie den überlisteten Angreifer kampfunfähig.

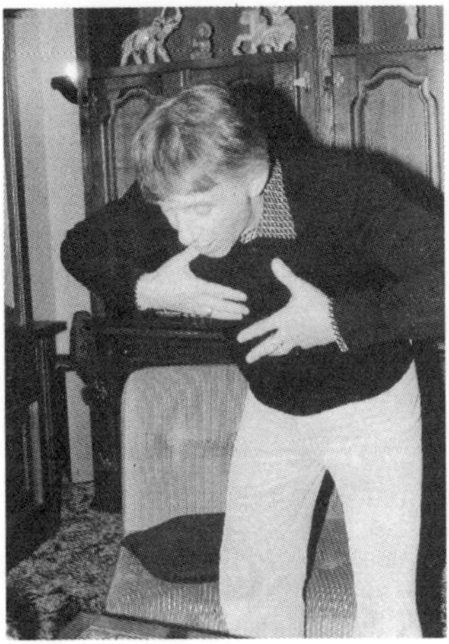

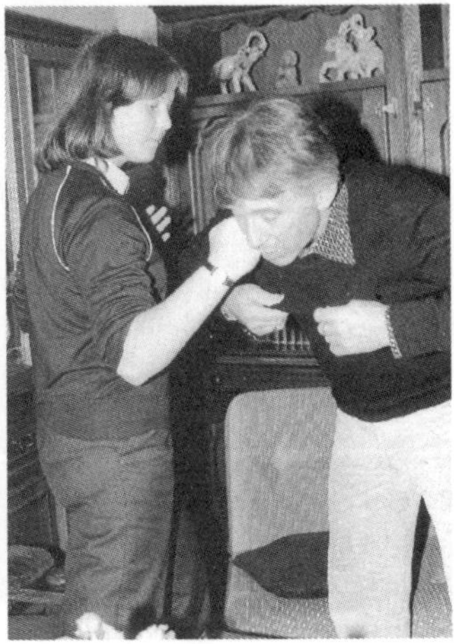

Eine *Hutnadel, Broschennadel* oder besser eine *Schmucknadel,* eigens zur Selbstverteidigung hergestellt, kann Ihnen in Gefahr sehr große Dienste leisten. So z. B. in der berüchtigten Bodenlage, wenn sich der Angreifer über Ihnen befindet; aber auch in einem Standangriff. Ziehen Sie Ihre Nadel, lassen Sie diese quer

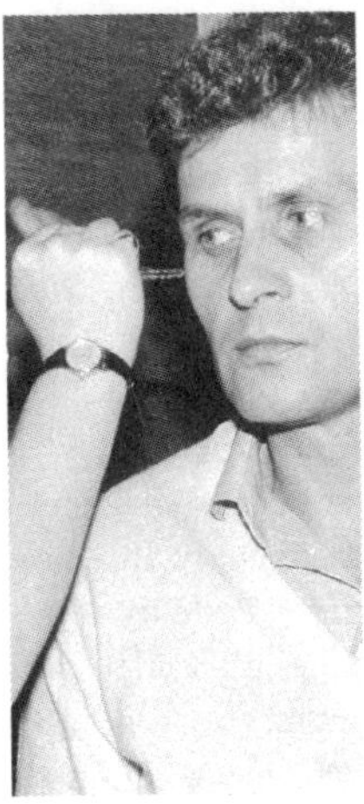

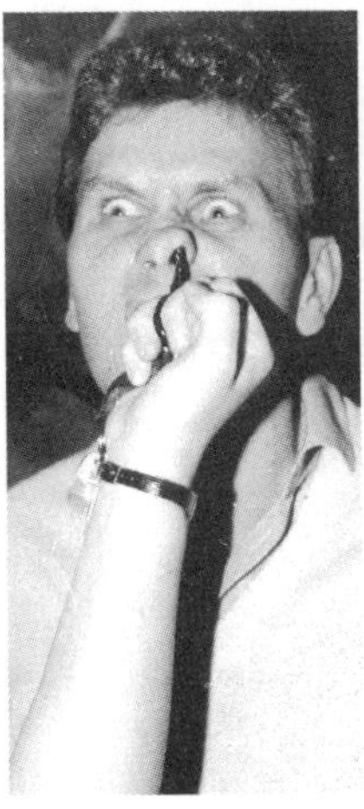

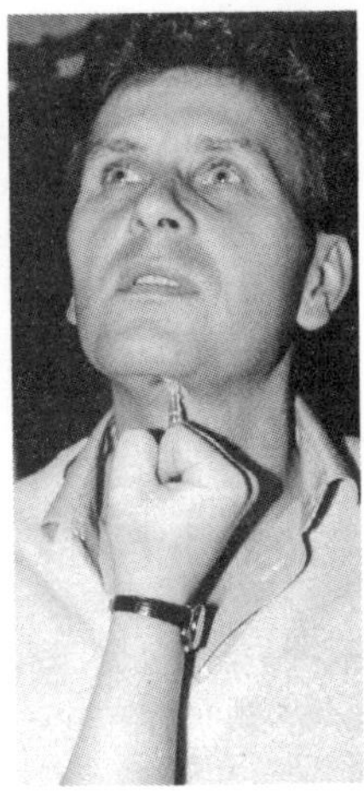

durch das Gesicht des Täters gehen, oder stoßen Sie die Nadel in die Weichteile des gegnerischen Körpers. Dann schlagen Sie mit aller zur Verfügung stehenden Kraft nach und befreien sich aus dieser extremen Situation.
Einen *Schlüssel* kann man entweder an der Kleinfingerseite einer Faust oder an der Daumenseite hervorragen lassen, um diesen so in das Gesicht des Täters zu plazieren. Ebenso kann der Schlüssel – ob Auto- oder Haustürschlüssel – aus einer Faust zwischen die Finger nach vorne geschoben und so abwehrend verletzend eingesetzt werden.
Diese Kleinwaffen aus der Handtasche einer Dame sind verlängerte Handknöchel und haben allesamt eine hervorragende Wirkung.
Mancher Leser wird mir ein ungehöriges, brutales Verhalten vorwerfen und meine Lehrmethode aus ethischen und moralischen Gründen ablehnen. Doch bevor man sich ein Urteil bildet, sollte man sich in den in Not befindlichen Menschen hineinversetzen, in seine Not und Qual. Meistens ist es die Frau, die sich wider Willen der Kraft des Mannes unterwerfen muß.
So die Schülerin eines Lehrers aus Köln, die in einem Park von drei Männern überfallen, vergewaltigt und mißhandelt wurde. Diese Geschädigte trat nach diesem Vorfall in eine Selbstverteidigungsschule ein und bildete sich mit aller Energie zu einer zu allem entschlossenen Frau aus. Heute ist sie wie eine Katze, schnell und geschmeidig und ohne Angst. Sie hat ihr Selbstbewußtsein so aufgebaut, daß sie allen Angriffen gewachsen ist.
Einem anderen jungen Mädchen geschah Fürchterliches. Es hatte drei Jungen getroffen, mit denen sie bekannt war. Diese Burschen nutzten das Vertrauensverhältnis aus und vergingen sich in schändlicher Weise an ihr. Sie lebt heute sehr zurückgezogen, weil sie Schaden an ihrer Seele genommen hat.
Die Frauen kommen zu mir, dem Lehrer, und bitten um Unterrichtung. Ich käme mir grausam vor, wenn ich ihnen nicht einen Weg weisen würde, der realistisch und von großer Bedeutung für sie wäre. Mit Techniken, die nicht im Ernstfall angewendet werden können, gefährdet man die Frauen noch mehr.
Es ist, um ein Beispiel zu geben, als wenn ich einen Anfänger

eine Pistolenabwehr trainieren ließe. Mit dieser Abwehrübung würde ich ihn ausliefern und in Lebensgefahr bringen. Denn im Ernstfall – und für den trainieren wir ja – würde ein ungeschickter Abwehrversuch den Angreifer zum Schuß zwingen.
Aber hier gehen die Meinungen mancher Ausbilder auseinander.

Das Zerren und Ziehen an der Kleidung

Bei einem Überfall ist es möglich, daß der Täter versucht, sein Opfer in einen Wald, Weg oder Hausflur, ein Gebüsch oder Auto zu ziehen. Meistens ist ein Verbrechen an Ort und Stelle, wenn es nicht um das Entreißen einer Handtasche geht, nicht ausführbar. Also wird das Opfer mit einer Waffe bedroht und mit Gewalt an eine Örtlichkeit entführt, die eine Entdeckung erschwert oder gar unmöglich macht. Natürlich ist so eine Verschleppung auch nur mit körperlicher Gewalt möglich.
Beide Bedrohungen aber sind mit einem Zerren oder Ziehen an der Kleidung verbunden.
Vielfach greift der Täter die Kleidung am Arm oder in der Nakkenpartie; am Arm zieht er, im Nacken drückt er.
Allerdings kann man das Revers nicht ausklammern, weil hier meist eine bedrohende Kleidungshaltung vorgenommen wird. Personen, die sich anderen an Kraft weit überlegen »fühlen«, greifen zum Revers. Alle anderen Haltungen sind zum Ziehen, Drücken oder Drohen weniger geeignet. Sie kommen sehr selten oder gar nicht vor.
Bei Sexualverbrechen wird an der Kleidung bis zum Zerreißen gezerrt. Das Zerreißen oder Zerren findet daher direkt am Tatort statt. Um eine Bluse zu zerreißen, greift der Täter sicherlich ins Revers. Um einen Pulli hochzuzerren, faßt er in den Pulloversaum.

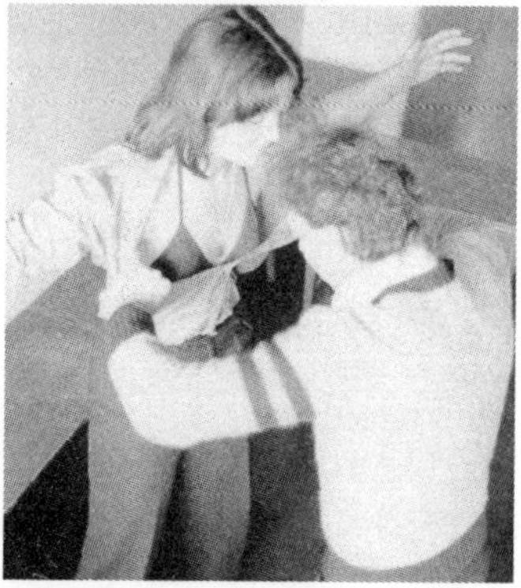

Der Täter zerreißt die Bluse – es entsteht eine Lücke. Ein gerader Fauststoß mit folgendem Kniestoß wird möglich.

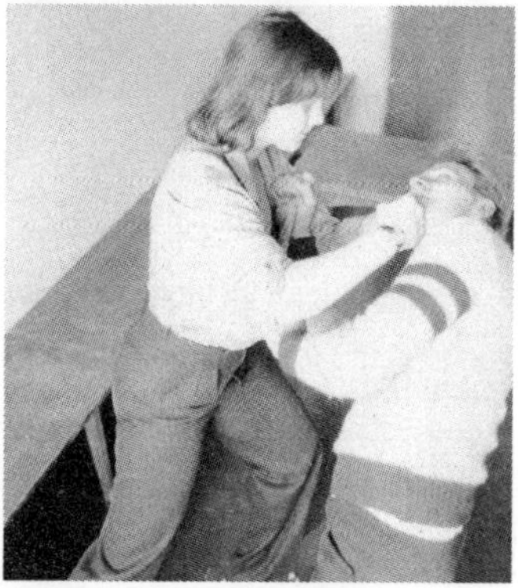

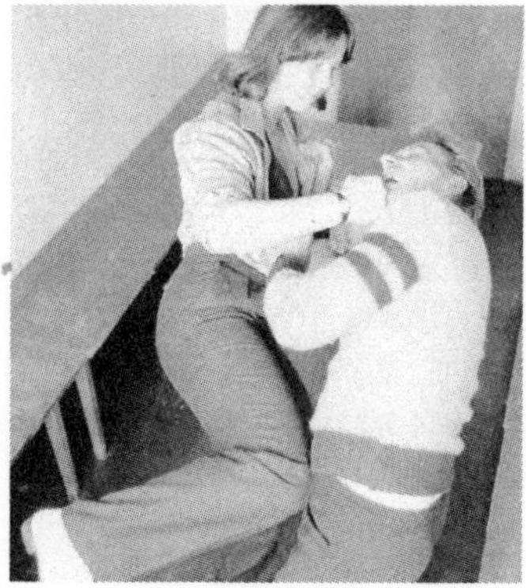

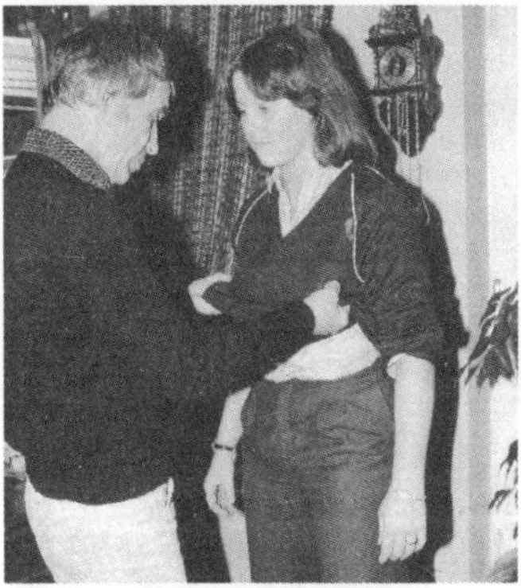

Bei einem Pullover greift der Täter in den Saum (um ihn hochzuzerren)!

Die Frau schützt sich, indem sie die Arme verschränkt.

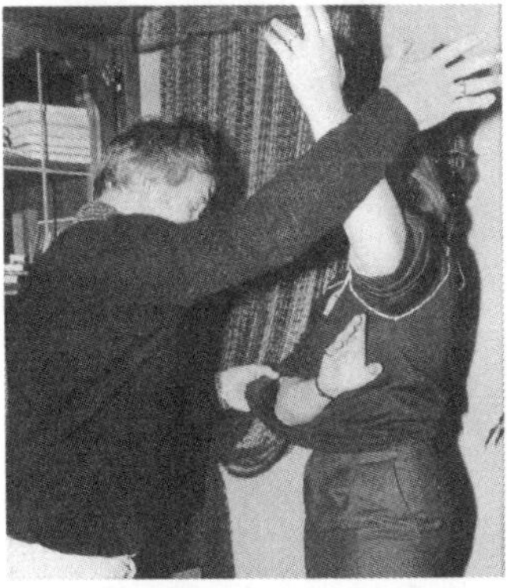

Zornig will der Angreifer die Frau durch eine Ohrfeige einschüchtern.

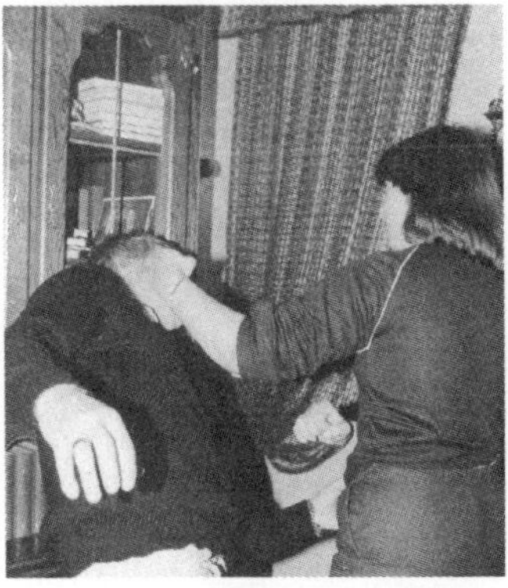

Sie schützt sich durch einen Block – und kontert mit einem Fauststoß.

Rock- und Beinkleider müssen bei Gegenwehr schwer erreichbar sein und bieten manche Abwehrlücke. Wenn man bedenkt, daß der Kopf des Gegners während dieser Tat frei ist, kann man bei verschränkten Beinen wenigstens zwei sehr gefährliche Treffer –

wie bereits beschrieben – anbringen. Am wirkungsvollsten und sichersten ist selbstredend die Verteidigung mit der Kleinwaffe.

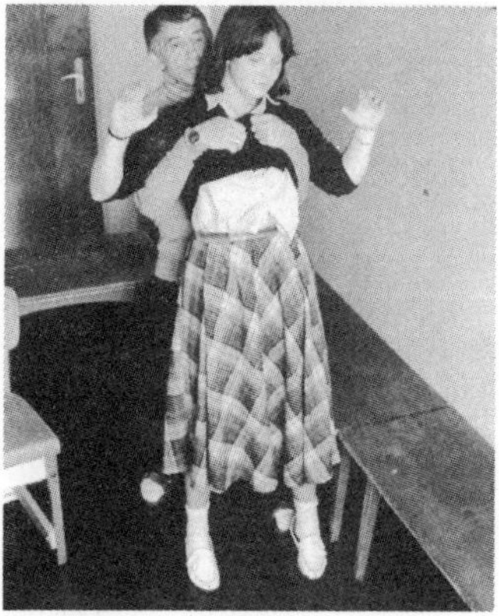

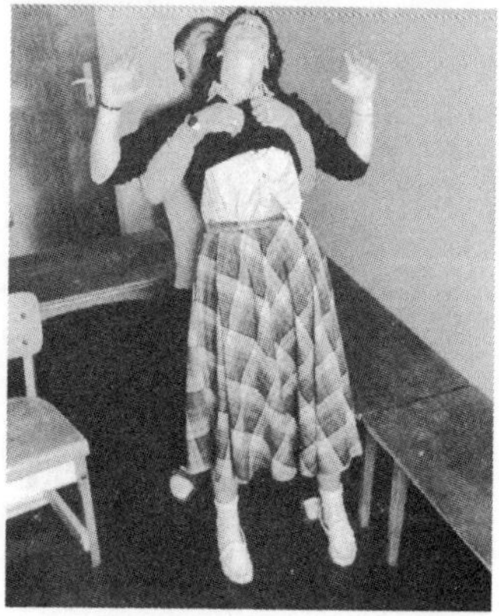

Der Angreifer kommt von hinten eng an die Frau. Oft kann ein plötzlicher Stoß mit dem Hinterkopf vor die Nase oder den gesamten Kopf durchgeführt werden.

Lassen Sie sich zur Übung von einem männlichen Partner angreifen, und versuchen Sie, trotz aller Gegenwehr, überlegen locker zu bleiben. Durch dieses kraftvolle Training steigern Sie Ihre Kondition.

Nutzen Sie die Situation! Der obere Arm kann stützen

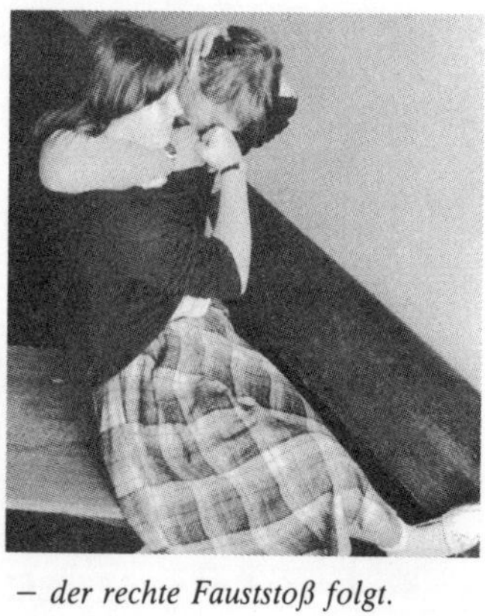

– der rechte Fauststoß folgt.

Abwehren gegen Ziehen, Drücken und Zerren an der Kleidung

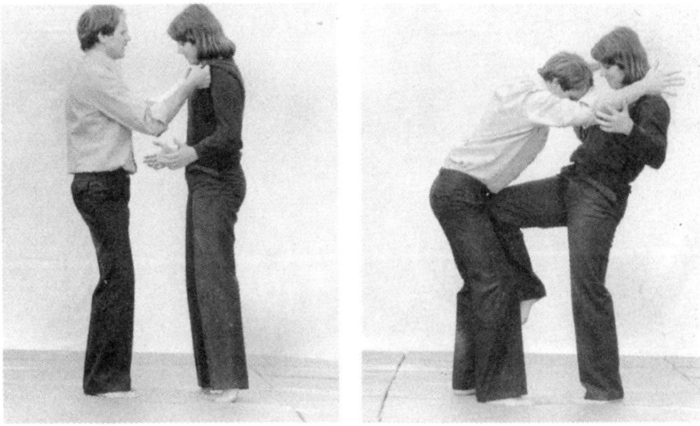

Der Angreifer zieht – Kniestoß zum Unterleib!

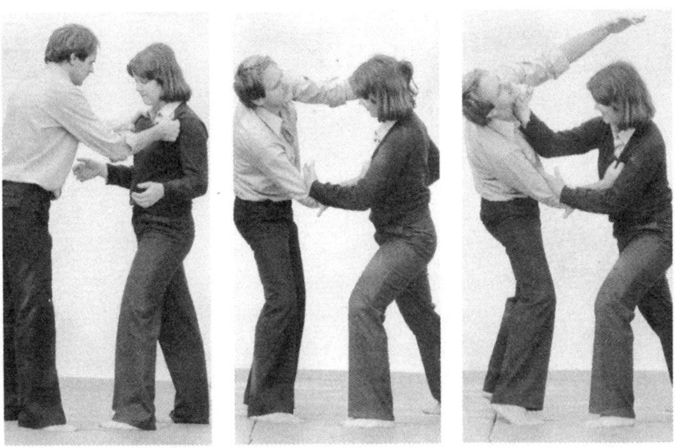

Auch ein sofort angesetzter gerader Faustoß kann zwischen den Armen zur Nase eine schnellere Befreiung bewirken.

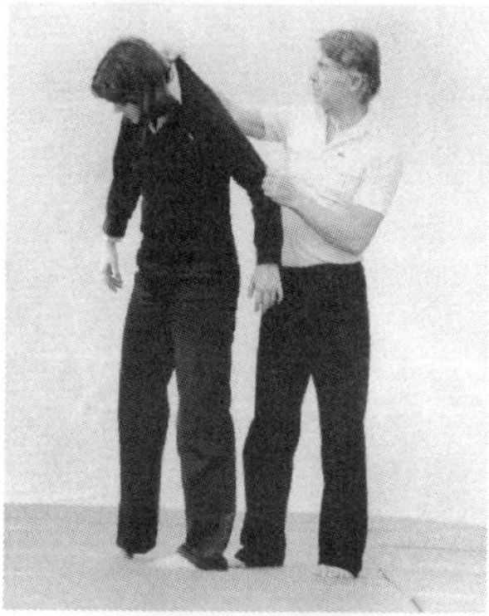

Der Griff von hinten in den Kragen.

Hier wird von der Frau durch Zug erstens der Kehlkopf entlastet und zweitens die rechte Hand des Angreifers festgelegt.

Der nach der Linksdrehung folgende Tritt mit dem Fußspann setzt den Angreifer außer Gefecht.

Vergewaltigung

Im Wort Vergewaltigung steckt vor allem das Wort Gewalt. Obwohl die Bedeutung des Wortes auch auf alltägliche Fälle zutrifft, findet es jedoch hauptsächlich Bedeutung bei sexuellen Vergehen.
Die Presse und das Fernsehen haben sich schon vor längerer Zeit intensiv mit dieser Verbrechensart befaßt. Man hat den zarten Schleier der Schamhaftigkeit endgültig zerrissen und bezog einmal offen Stellung zu diesem Tabu.
Schon vor Jahren befaßte sich die Theologie und Psychologie mit diesem Thema in einer Reihe von Illustrierten und Zeitschriften. Sehr gute Ratschläge und weniger gute Ratschläge folgten einander. Frauen und Mädchen erhielten die Empfehlung, sich durch »Siegen durch Nachgeben« zu retten, wobei hierbei die Betonung auf Nachgeben lag. Keiner der Berater dachte aber an die vielen jungfräulichen Mädchen sowie Mädchen, junge und alte Frauen, die endlosen Schaden an Leib und Seele nehmen müssen. Wer sagt denn, daß der Täter das Opfer, wenn es sich nicht wehrte, am Leben läßt. Dieses Risiko ist zu groß, so daß ich eine andere Form der Verteidigung empfehle.

Abwehr durch »Be-greifen«

Viele naturgemäße Instinkte des Menschen sind mit der Zivilisation abhanden gekommen. Der Mensch ist hilflos und erwartet immer mehr die Hilfe von außen, die Hilfe anderer Menschen. Dem Menschen von heute fehlt das gesunde Mißtrauen, obwohl das gesunde Mißtrauen ein natürlicher Erhaltungstrieb ist.
Hätten viele der geschändeten Mädchen und Frauen Mißtrauen gegen Personen und Situationen gehegt, wäre ihnen vieles erspart geblieben.
Die Hilfe von außen kann die Polizei darstellen und – nicht zu vergessen – der »Nächste«.
Die Polizei ist aus organisatorischen Gründen nicht ständig zur Stelle und kann nicht immer auf Bestellung Hilfe leisten.
Jedem »Nächsten« sitzt aber das eigene Hemd näher als das Ihre. Entweder schaut er ergötzlich zu, oder er verläßt unauffällig die

Gefahrenzone. Vielfach vergißt er sogar die Alarmierung der Polizei.
Was ist nun zu tun?
Wenn ein Tierweibchen Junge hat, wagt sich kein Tiermann in dessen unmittelbare Nähe. Ein Zeichen, daß jedem Weibchen ein Erhaltungs- und Verteidigungstrieb von der Natur mitgegeben wurde.
Dem Menschen kommt noch ein weiterer Vorzug zugute: der Verstand. Wenn ein vorhandenes gesundes Mißtrauen Gefahr signalisiert, antwortet der Verstand: »Vorsicht – Vorbeugen!«
Nun zur Verteidigung – zum Be-greifen!
Wir unterscheiden 3 Formen eines Angriffs:

Der Überraschungsangriff

Der vorbedachte Angriff

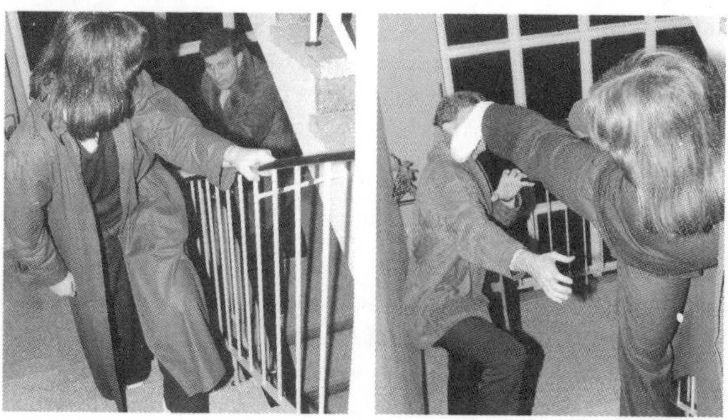

Der Angriff aus dem Affekt

 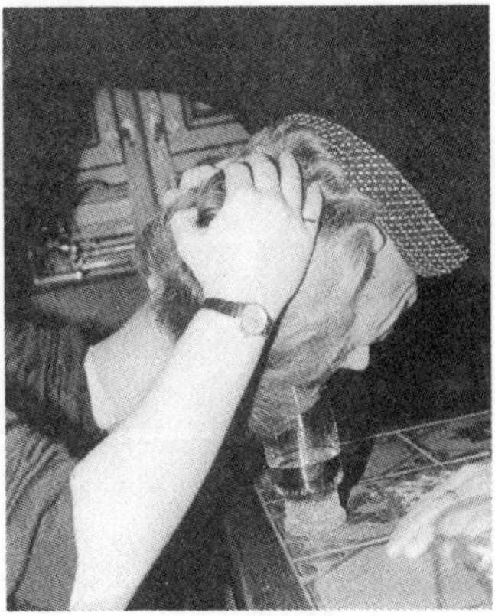

Setzen Sie die »3 M« (siehe Seite 19 ff.) dagegen, und denken Sie an die Fähigkeiten der Katze.
Sie kann laufen, schreien und kratzen.
Auch Sie sind mit diesen Fähigkeiten zu Ihrem Selbstschutz ausgestattet.
Sie können laufen, schreien, treten, schlagen und kratzen. Sie können werfen, würgen und hebeln.
Sie haben »Verstand« und verstehen; Sie haben »Begriff« und begreifen.
Stellen Sie sich zum besseren Einblick einen dieser Gewaltakte vor. Sie werden von einem Mann belästigt und angegriffen. Dieser ist sehr bestrebt, Sie in die Bodenlage zu bringen. Jeder Überfall ist individuell zu beurteilen, weil Situation und Örtlichkeiten sowie die Art und Weise des Täters verschieden sind. Außerdem sind die Täter in ihrer Körperstruktur immer unterschiedlich.
Es gibt den *Leptosomen* (hagerer, schmächtiger Typ),
den fleischigen *Pykniker* (dicker, korpulenter Typ) und
den *Athleten.*
Wichtig zu wissen ist, daß weniger als die Hälfte der Täter vaginalen Geschlechtsverkehr erzwingen. Die meisten lassen sich mit dem Mund oder anal befriedigen.

Jede Frau kann sich vorstellen, welche Qual es unter Zwang bedeutet, diese geschlechtlichen Praktiken vollziehen zu müssen, und in welche gefährliche Situation sich der Täter begibt. Die zum Mundverkehr gezwungene Frau kann sich ihrer natürlichen Waffe – des Gebisses – bedienen, um den Täter für immer aus dem Verkehr zu ziehen.

So ist es schon vorgekommen, daß eine zum Kuß gezwungene Frau dem Mann die Zungenspitze abbiß. Er wurde beim Konsultieren eines Arztes verhaftet.

Meistens braucht der Täter zur Ausübung der Tat beide Hände. Ein Stich ins Auge oder der Einsatz einer Kleinwaffe ist zu 90 % erfolgreich, wenn die Abwehr im rechten Moment angebracht wird.

Vergessen Sie nie, daß es der krankhafte Trieb ist, der den Täter zu dieser Tat »treibt«. Hinzu kommt die Eile, mit der die Tat ausgeführt werden muß.

Die folgenden Beispiele sollen Ihnen verdeutlichen, wie Sie sich in gefährlichen Situationen verhalten müssen und welche Verteidigungschancen Sie haben.

Mehrere Männer, die wiederholt in einem Auto an Ihnen vorbeifahren, um Sie zu belästigen, sind gefährlich. Gehen Sie in die nächste Telefonzelle, und nennen Sie die Autonummer des Wagens der Polizei. Zeigen Sie sichtbar auf den Wagen, damit die Männer wissen, daß Sie Hilfe holen.

Wenn Sie einer Einladung gefolgt sind und sich bereits in einer Wohnung befinden, dann orientieren Sie sich beim Betreten des Raumes:

Wie verschließt er die Tür?

Was bietet er zu trinken an?

Trinkt er das gleiche, oder hat er Extraflaschen bereit, eventuell mit stimulierenden Mittelchen gemixt?

Wo steht ein Aschenbecher oder eine Vase?

Im Notfall, den nur Sie individuell ermessen können, werfen Sie den Aschenbecher, die Vase oder ein sonstiges wurffreundliches Mobiliar durch die Fensterscheibe und schreien um Hilfe. Gehen Sie im gleichen Moment zur Tür – Sie wissen ja, wie sie verschlossen ist –, und verteidigen Sie sich unter ständigem lauten

Schreien. Der Angreifer wird bei einem solchen »Auftritt« von Ihnen ablassen.
Erstatten Sie unbedingt Anzeige!
Kommt es zu weit extremeren Situationen, denken Sie daran, daß eine über die Arme gezogene Jacke, ein über den Kopf gestülpter Pulli oder eine über die Knie gezogene Hose Sie verteidigungslos machen. Besser, sich der Kleidungsstücke entledigen zu lassen, aber dafür beweglich bleiben.
Die Jacke würde, weil sie über den Armen hängt, z. B. einen Stich in die Augen des Gegners unmöglich machen.
Der über den Kopf gezogene Pulli beraubt Sie aller Sicht.

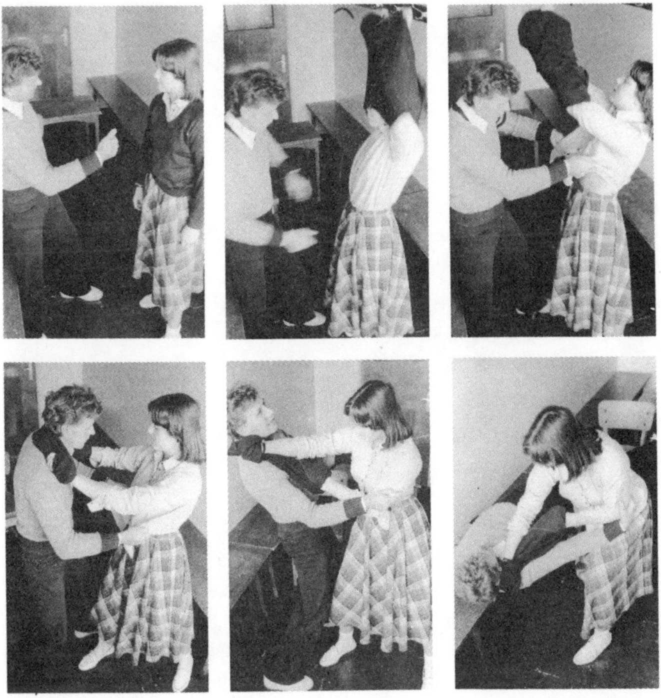

Der Pulli wird hinter den Hals gelegt. Die rechte Seite drückt nun vor den Kehlkopf – die linke Seite wird kräftig gezogen. Bringen Sie den Mann aus dem Gleichgewicht.

Und die bis zu den Knien gezogene Hose verhindert das Weglaufen oder den gezielten Tritt zum Unterleib des Täters.

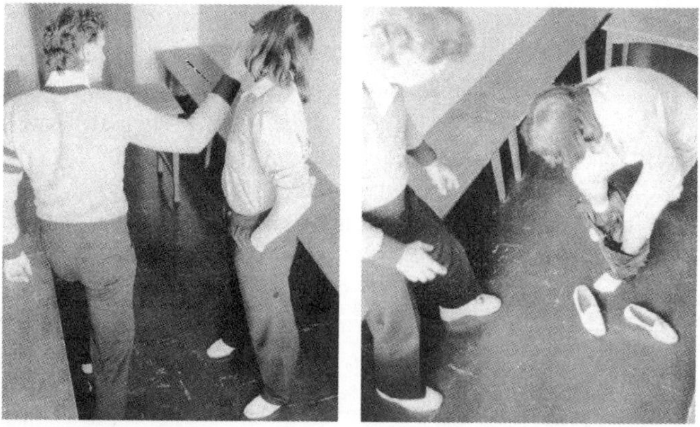

Die plötzliche Ohrfeige soll die Frau schockieren und ängstigen.

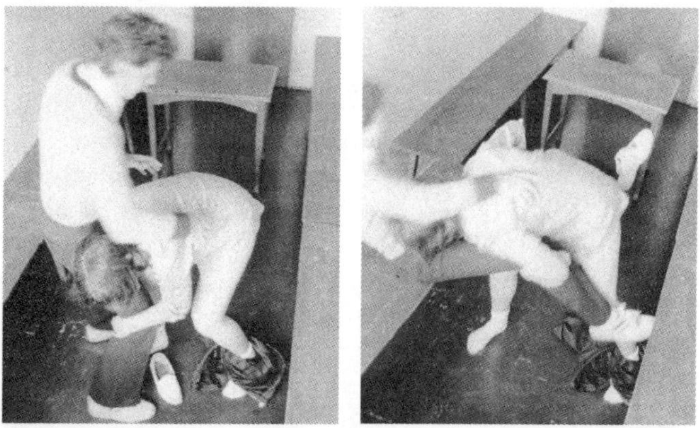

Die Frau wartet auf den richtigen Moment und zieht beide Beine weg. Der Angreifer fällt hart nach hinten. Setzen Sie eine Aktion nach!

Wenn Sie diese Hinweise beherzigen, haben Sie tatsächlich Chancen, ohne sich zu ergeben und demütigen zu lassen, aus gefährlichen Situationen herauszukommen.

Wenn Sie nach einem vergnügten Abend das Angebot eines Mannes annehmen, mit seinem Auto in die Stadt mitgenommen oder gar nach Hause gebracht zu werden, erinnern Sie sich:
Ist es eine junge oder ältere Bekanntschaft?
Beobachtete der Mann Sie schon eine geraume Weile? usw.
Wenn Sie jedoch den Entschluß fassen, daß der ansprechende Mann Sie nach Hause fahren soll, dann beachten Sie bitte sofort die folgenden »3 M«, dies gilt auch, wenn Sie mit einem Unbekannten per Autostopp fahren:
Ihr M–ißtrauen,
Seine M–ethode
Ihren M–oment!
Orientieren Sie sich beim Einsteigen in den fremden Wagen, ob er eng oder geräumig ist. Wo liegt die Handbremse? Wie wird der Haltegurt befestigt? Wo liegt der Türöffner?
Da Sie auf dem Beifahrersitz Platz nehmen, halten Sie die linke Hand aktionsfrei. Ihre rechte Hand hält die Handtasche auf den Knien fest. Gurten Sie sich nur dann selbst an, wenn er es ebenfalls macht. Wenn er nur Ihnen den Vorschlag macht, weil sein Gurt »defekt« ist, muß Ihr Mißtrauen in Aktion treten.
Schauen Sie beim Angurten, wo die Verschlüsse der Gurte liegen und wie sie bedient werden. So können Sie im Gefahrenmoment seinen Verschluß mit der linken Hand so bedecken, daß er ihn nicht lösen kann und den Ihren lösen. Der Fahrer muß sich langsam zu Ihnen beugen, weil er mit Ruck fest in seinem Gurt hängt. Also, entweder *beide* angurten *oder keiner*! Bestehen Sie auf Angurten!
Es gibt Ihnen eventuell schon Auskünfte über die Vorhaben des »Kavaliers«. Ist der Wagen eng, setzen Sie sich so, daß Ihre rechte Hand schnell den Türöffner findet. In einem geräumigen Wagen setzen Sie sich so, daß Ihnen der Raum zu einer Verteidigung Platz bietet. Wenn Sie einen Wagen besteigen, tun Sie interessiert, und lassen Sie sich den »schönen« Wagen einmal richtig erklären.
Wenn die Handbremse zwischen den Sitzen installiert ist, liegt sie im Gebiet Ihrer aktionsfreien Hand.
Vor der Abfahrt machen Sie gemeinsam aus, daß Sie die Fahrt-

route angeben, die zu Ihnen nach Hause führt. Somit bemerken Sie sofort, wenn er andere Absichten hegt. Er kennt meist Abkürzungen und sonstige Wege. Befolgt er zweimal nicht Ihre Bitte, können Sie sicher annehmen, daß er versucht, Sie zu überlisten. Durchqueren Sie fremde Stadt- oder Landgebiete, fordern Sie den Fahrer auf, sofort anzuhalten!
Wenn er Ihrer Bitte nicht nachkommt, reagieren Sie sofort hart wie folgt:

- Achten Sie auf ein Gebiet, an dem noch reger Menschenverkehr ist, z. B. kleine oder große Einkaufsstraßen, Bushaltestellen oder engbewohnte Gebiete. Auch starker Autoverkehr gehört zu Ihren Chancen!
- Dort ziehen Sie mit der linken Hand plötzlich die Handbremse, öffnen mit der rechten die Autotür des fahrenden Wagens und schreien laut um Hilfe. Durch das Anschnallen im Autositz ist das Unternehmen nicht sehr gefährlich.

Es schockiert aber den Fahrer aufs äußerste.
Im äußersten Notfall werfen Sie schreiend vorbeigehenden Passanten Ihre Handtasche mit Papieren zu. Öffnen Sie Ihren Gurt, und halten Sie seinen Öffnungsverschluß so lange wie möglich mit der Hand zu.
Er wird dann anhalten und so tun, als wäre er schuldlos und nur kulant gewesen. Man wird Ihnen glauben, denn keiner wehrt sich mit solcher Inbrunst, wenn ihm nicht Unrecht geschieht.
Wenn es möglich ist, übergeben Sie den Mann der Polizei, oder notieren Sie zumindest die Kraftfahrzeugnummer, falls er sofort davonfährt.
Denken Sie immer daran, daß Sie früh genug handeln müssen und nicht den Moment verpassen dürfen!

Atemis

Schlagen und Stoßen, ob mit den oberen oder unteren Extremitäten, nennt der Japaner allgemein Atemis.
Das japanische Karate und das koreanische Taekwondo sind eine Schlag- und Trittfolge nach System und mit Turnierregeln versehen.
Im Jiu-Jitsu spielte Atemis von jeher eine führende Rolle. Aus den antiken Schlag- und Trittkünsten, die der klassischen Methode des Jiu-Jitsu eigen waren, wurde eine moderne Atemisfolge.
Eine unsaubere Schlag- oder Trittechnik kostet dem Karateturnierkämpfer oft einen Punktabzug. In der Selbstverteidigung zählt ganz allein, den Gegner – mit Erfolg – getroffen zu haben.
In der nun folgenden Graphik sehen Sie schlagkräftige Punkte der Hand. Einzelheiten finden Sie auf Seite 128 ff.

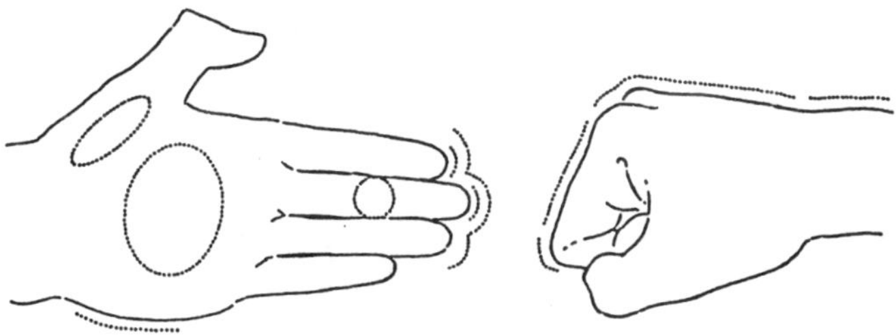

Was hat die Kleidung des Mannes mit Ihren Techniken zu tun?

Die Antwort lautet: viel. Greift Sie ein Mann im Lederdreß an, hat er manche empfindliche Stelle seines Körpers ledergeschützt. Psychologisch vermittelt Lederkleidung meist das Gefühl von Stärke und Macht. Der so schwer gekleidete Mann bringt ein übersteigertes Selbstwertgefühl mit.
Wie ärmlich käme er sich nackt vor; überlegen Sie sich das einmal.
Sein Hals bietet sich durch den hochgestellten Lederkragen zu einem abwehrenden Angriff kaum an. Der »Adamsapfel« des Adams ist fast geschützt. Seine Beine sind von Lederstiefeln oder Hose umgeben, und nur sein Gesicht ist durch Ihren Angriff verletzbar. Auch seine Hände können Sie noch in den »Griff« bekommen und »fingern«.
Wie anders dagegen ist der Mann in der Badehose. Er steht fast nackt und ungeschützt vor Ihnen. Alle Möglichkeiten einer Attacke sind Ihnen gegeben.
Folglich gilt als Regel, zu greifen, wo immer man kann. Es bildet und zeigt sich immer eine Angriffsfläche, egal, wie ein Mann gekleidet ist.
Im weiteren Verlauf der Techniken werden Sie aber erkennen, daß durch ernsthaftes Training alle Möglichkeiten zu einem Erfolg gegeben sind.

Das Training mit und ohne Partner

Mancher Autodidakt bildet, bevor er sich einem Partner anschließt oder in Schulen und Vereinen Eintritt sucht, seinen Körper zu Hause vor, um erst einmal Einblick in die Materie der Selbstverteidigung zu nehmen. Vielleicht sind auch keine Gelegenheiten zu kollektiven Trainingsmöglichkeiten vorhanden.
Alle Lernwilligen, die zuerst mit diesem Buch lernen, können die folgenden Methoden anwenden, um sich für den Kampf fit zu machen.

Binden Sie einen Strick um einen Baum, einen Haken oder sonstigen Gegenstand, und setzen Sie Würfe an.

Schlagen Sie auf Strohschlagpolster, Lederkissen oder Medizinball.

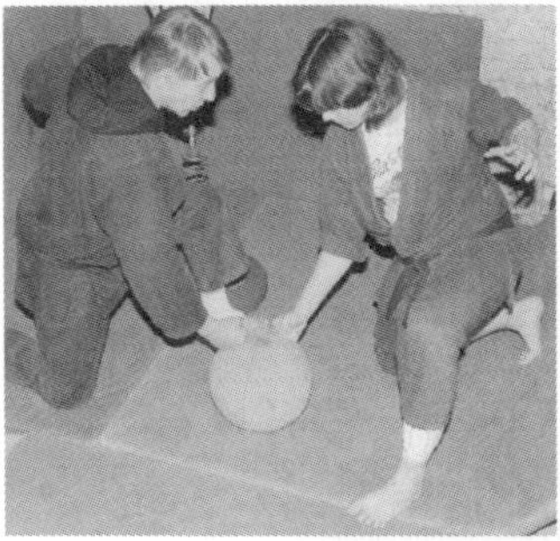

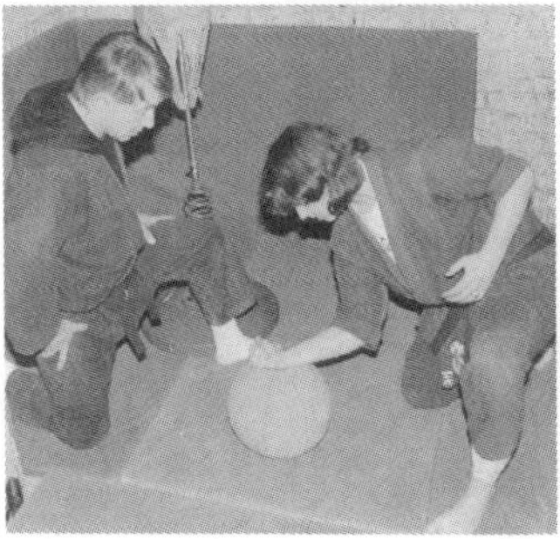

Ein Stock dient auch zum Ansetzen von Beinwürfen und Fußwürfen.

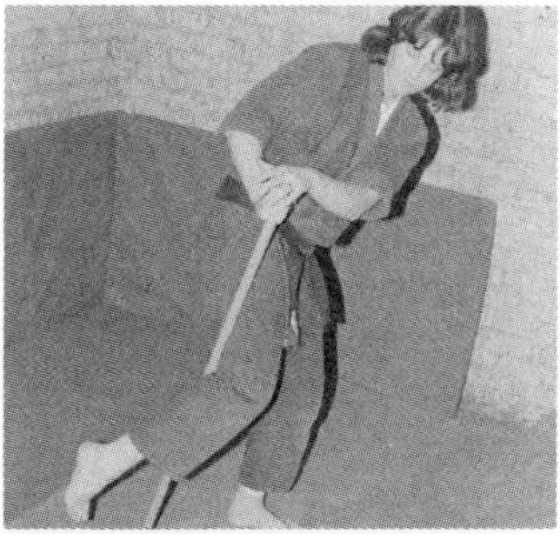

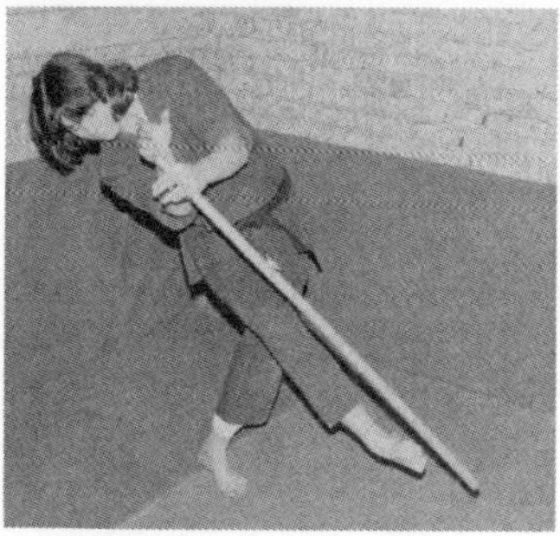
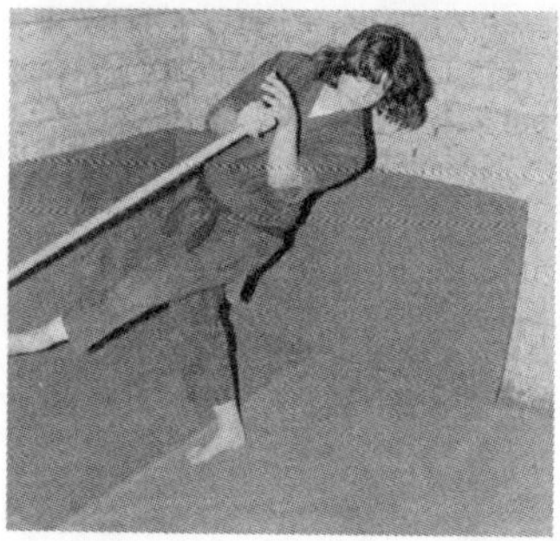

Aufgehängtes Papier oder ein aufgehängter Ball ist gut, um Schlag- und Trefftraining durchzuführen.

Ebenso der Punchingball oder die Maisbirne.

Ein Stück Teppich mit Löchern kann zum Training für Augenangriffe dienen.
Lernen Sie an einem Stock festes Greifen. Stärken Sie durch Auseinanderziehen eines Fahrradschlauchs Ihre Arm- und Beinmuskulatur in vernünftiger Weise und ohne Übertreibung.
Das Partnertraining ist natürlich dem unterstützenden Selbsttraining vorzuziehen.

Ausgewählte Jiu-Jitsu-Techniken für die Frau

Würgeabwehr

Es kann bei einem Überfall vorkommen, daß der Angreifer versucht, der überfallenen Frau den Hals zuzudrücken.
Sinn dieses Angriffs ist, die Überfallene am Schreien zu hindern.
Er will drohen und den Eindruck erwecken, daß er sie töte, wenn sie auch nur einen Laut von sich gebe.
Und so empfinden es auch die Überfallenen.
Wenn eine geübte Frau jedoch in eine solche Situation gerät, weiß sie, daß Würgegriffe für den Laien zwar gefährlich sein können, aber für den Fachmann kaum von Bedeutung sind.
Den ersten Fehler macht die Gewürgte dann, wenn sie zu den würgenden Händen greift, um diese zu lösen. Eine in Panik handelnde Frau ist kaum in der Lage, die starke Hand eines Mannes am Hals zu lösen. Aber ist das denn unbedingt notwendig? Nein!

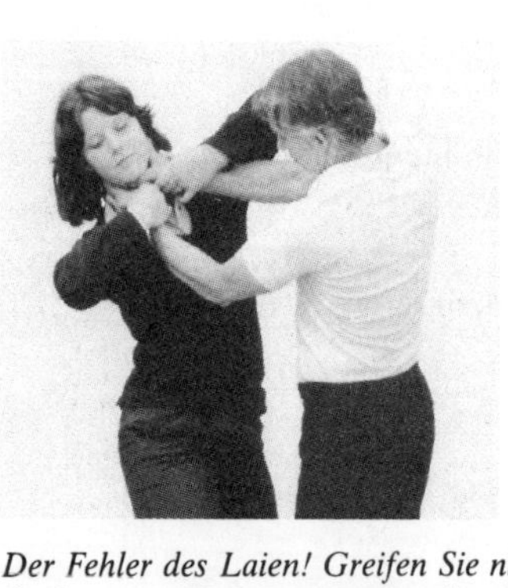

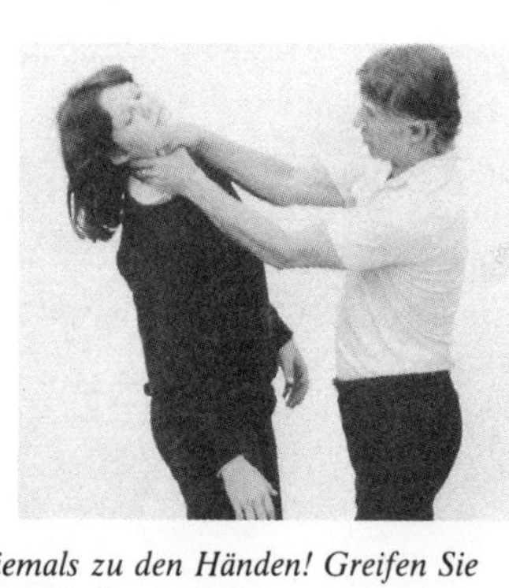

Der Fehler des Laien! Greifen Sie niemals zu den Händen! Greifen Sie direkt an, z. B. mit einem geraden Faustoften zum Kopf.

Sie tun gut daran, wenn Sie den Kopf, den Unterleib oder die Beine angreifen, um dort beträchtliche Schmerzen zu verursachen und dadurch zu einer Lösung des Griffs kommen.

Sichel mit folgendem Rückfaustschlag

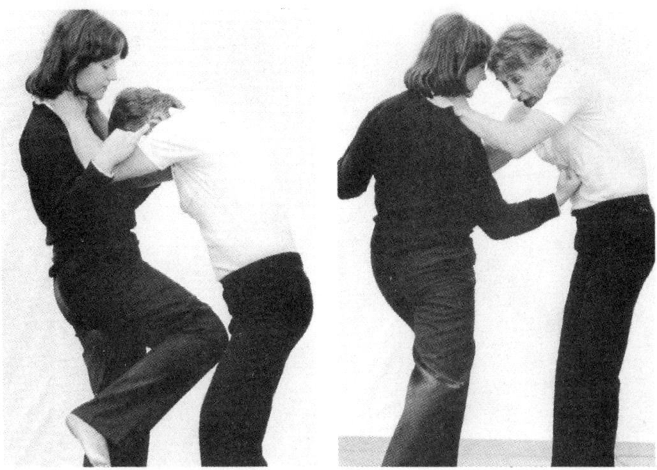

Knie- oder Fauststoß zum Unterleib oder Magen

Beim Würgen im Stehen ist der gesamte Mann zum Angriff frei. Der Würger von hinten ist ebenfalls sehr gut zu fassen. Es gibt eigentlich keine Situation im Stand, die nicht bezwungen werden könnte.
Ziehen Sie immer die Schultern und das Kinn bei einem Angriff an!

Der Angreifer will würgen

Die Arme werden auseinandergeblockt . . .

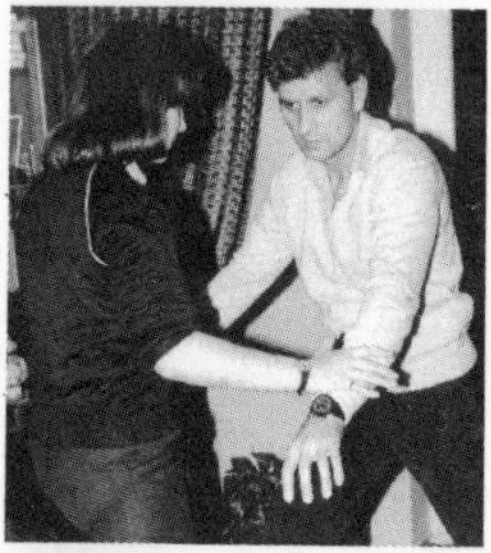

. . . mit den Handflächen senkrecht nach unten gestoßen . . .

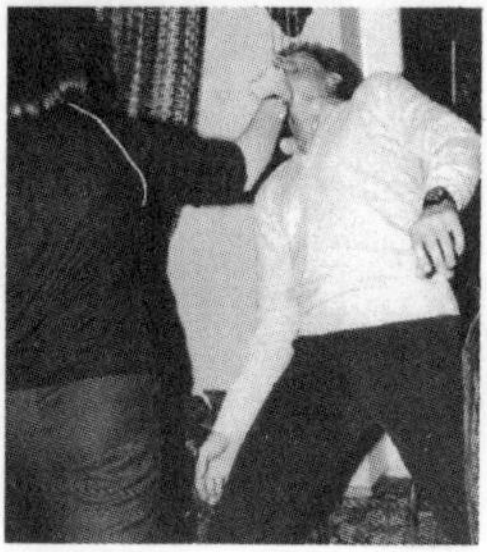

. . . und es folgt ein gerader Fauststoß.

Der Angreifer würgt von der Seite

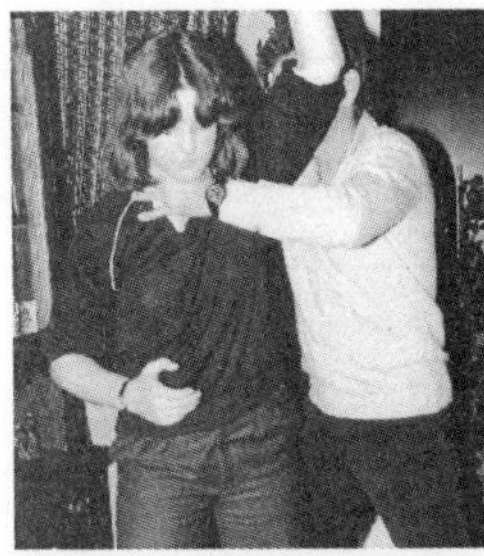

Der Arm wird hochgeführt . . .

. . . das ganze Körpergewicht stößt ins Ellenbogengelenk.

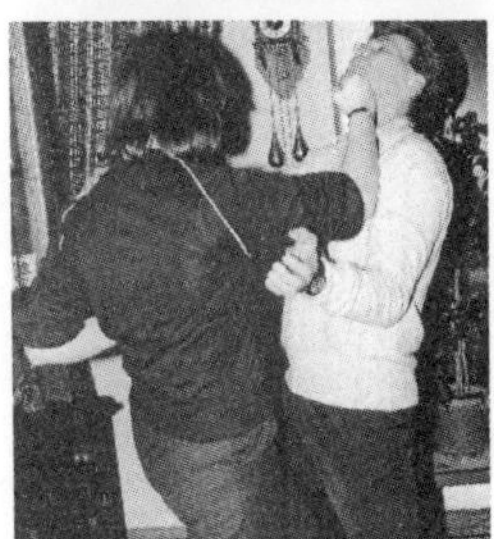

Es folgt ein linker Rückfaustschlag oder rechter Fauststoß zum Kopf. Üben Sie diese Technik auch von der anderen Seite.

Würgeabwehr von hinten

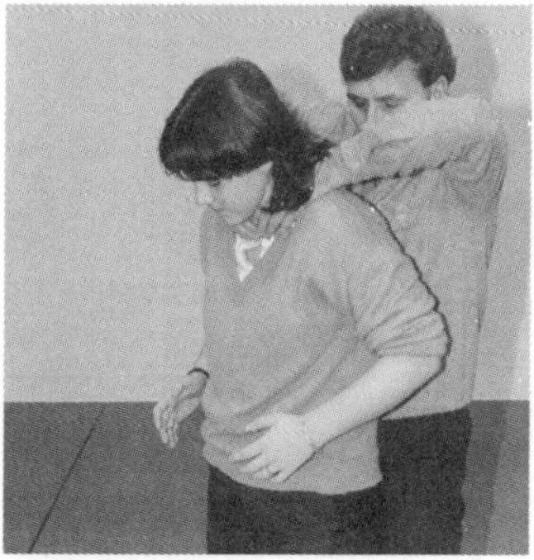

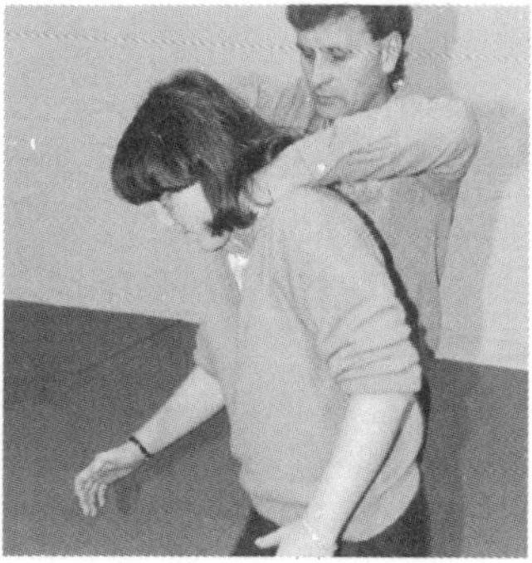

Was können Sie tun?

Z. B.

- einen Handkantenschlag zum Unterleib
  oder
- einen Ellenbogenstoß zum Magen usw.

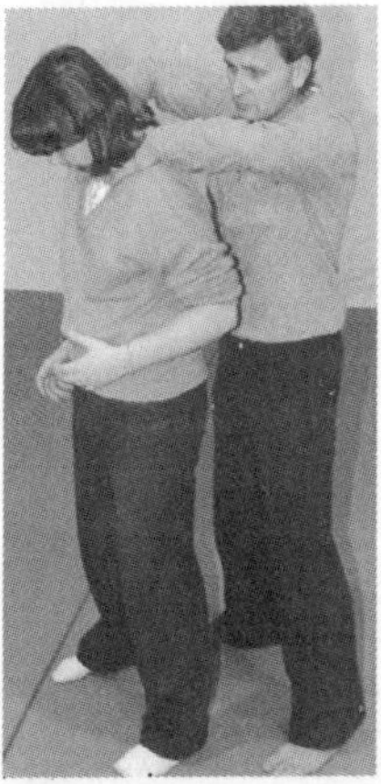

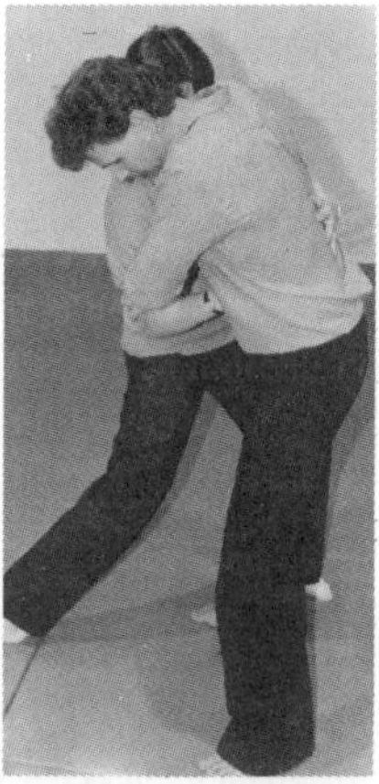

Nach einer Linksdrehung auf dem rechten Bein setzen Sie Ihr linkes Bein neben sein rechtes. Linker Handflächenschlag zum Rücken, und fast gleichzeitig folgt ein rechter Fauststoß zum Magen.

Auch das Würgen in der Bodenlage kann mit Geschick und vollem Einsatz gut unter Kontrolle gebracht werden. Sie werden es an den folgenden dargestellten Techniken erkennen.

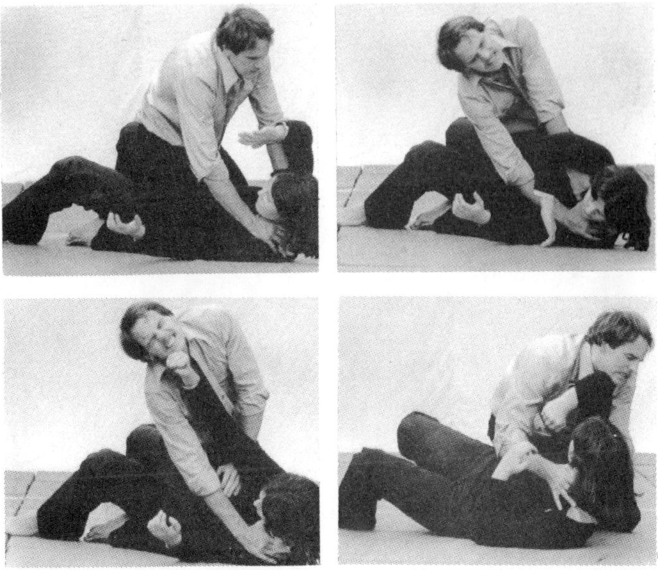

Befreiungen aus der Bodenlage . . .

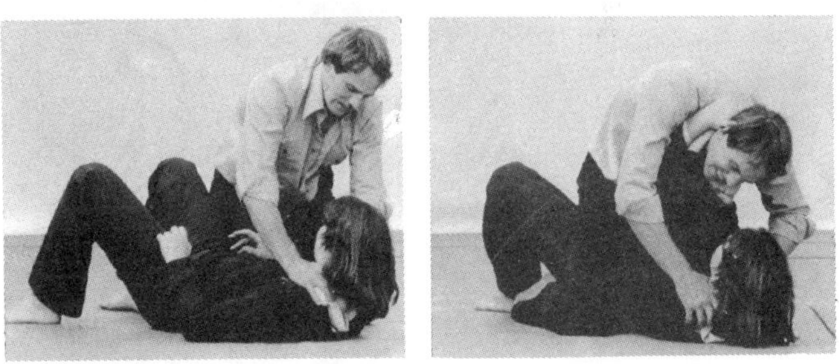

. . . von vorne seitlich . . .

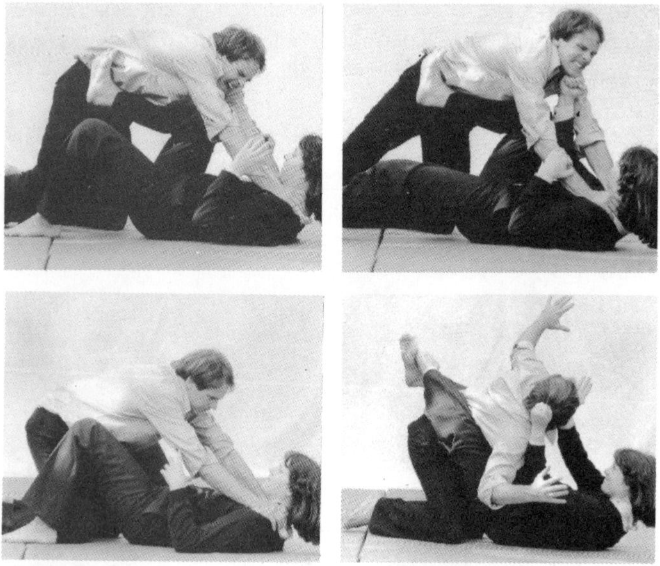

. . . von vorne . . .

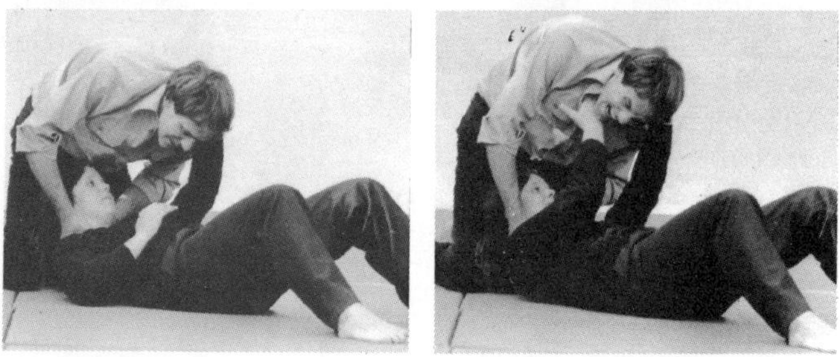

. . . von hinten.

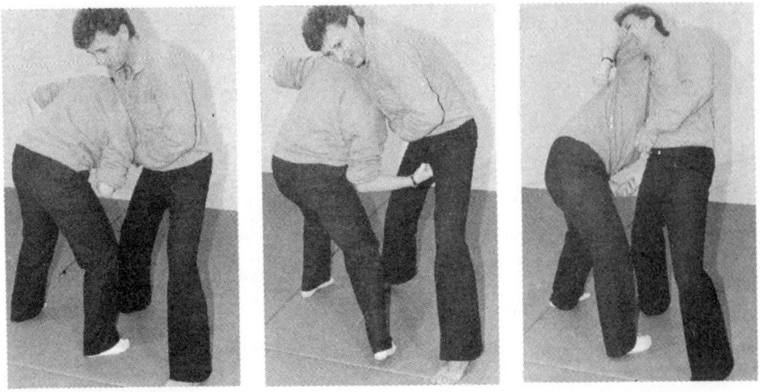

Befreiungen aus dem Schwitzkasten

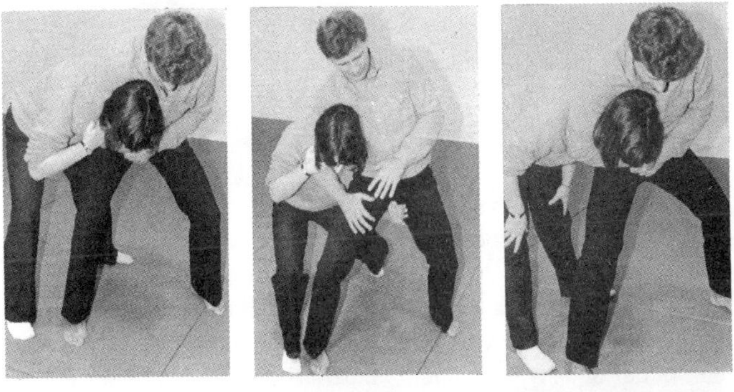

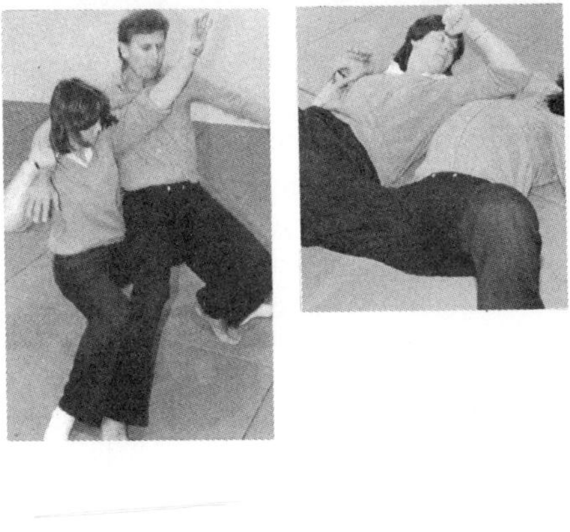

Schwitzkastenbefreiung von der Seite. Linker Daumenflächenschlag *(siehe Seite 130)* *zum Unterleib. Üben Sie auch von der anderen Seite.*

Hebeln und Würgen

Was ist ein Hebel? Jeder entsinnt sich bestimmt noch an seinen Schulunterricht, als vom Gesetz des Hebels gesprochen wurde. Will man z. B. einen schweren Gegenstand bewegen, so nimmt man, weil es mit bloßer Hand nicht gelingt, eine Eisenstange. Ein Ende der Stange wird unter den zu bewegenden Gegenstand gesteckt und ein Holzkeil unter das eingesteckte Stangenende gelegt. Mit dem langen Teil der Stange – Hebelarm genannt – drückt man das schwere Teil hoch und bewegt es.

Brechstange als Hebel

Unter Zuhilfenahme der empfindlichen Finger-, Hand-, Arm-, Bein- und Fußgelenke sowie des empfindlichen Genicks setzt man in der Selbstverteidigung Hebel an. Der Ansatz eines erfolgversprechenden Hebels muß aber sehr schnell, trickreich und mit Ruck eingeleitet werden. Sie müssen unbedingt an eine reaktionsschnelle Gegenwehr des Gegners denken.
Frauen ist zu empfehlen, das Hebeln ständig schnell und trickreich zu trainieren. Unterlassen Sie es bei keinem Training.
Den Arm eines starken Mannes zu hebeln, ist sonst überhaupt nicht möglich. Sie – als Frau – *dürfen* in der Verteidigung, was man allgemein in Sportlerkreisen als sehr unfair bezeichnet, einen gekonnten schnellen Hebel mit mächtigem Ruck durchführen, damit das angegriffene Körperteil gebrochen und unbrauchbar gemacht wird.
Hebeln ist eine Kunst, und Kunst kommt von können.
Beim Würgen dagegen reagiert die Kehle oder der Kehlkopf äu-

ßerst sensibel, und ein Erfolg ist dort auch beim stärksten Gegner zu verzeichnen.
Man kann mit dem Jackenkragen würgen, mit der freien Hand, mit dem Bein sowie mit einem Stock, einem Schirm oder gar mit dem Riemen der Handtasche. Durch Schlag gegen den Kehlkopf kann man den Bruch des Zungenbeins und damit den Tod des Angreifers verursachen. Ich mache Sie daher wiederum auf den *Notwehrparagraphen* aufmerksam. Nur wenn Sie um Ihr Leben ringen, ist die Anwendung dieser Schlagtechnik gegen den Kehlkopf zu verantworten. Für andere Abwehrsituationen sind Würgegriffe bis zur Aufgabe oder Besinnungslosigkeit zu empfehlen, wobei die Besinnungslosigkeit wegen ihrer Gefährlichkeit schon unangenehme Gefühle weckt.
Betrachten und studieren Sie sorgfältig die folgende Bilderserie »Hebeln und Würgen«. Üben Sie schnelles Abwehren, das auch in einem Verhältnis zur Geschicklichkeit steht. Die Bilder zeigen Ihnen auch, wo Schmerzempfindungen beim Hebeln und Würgen auftreten.

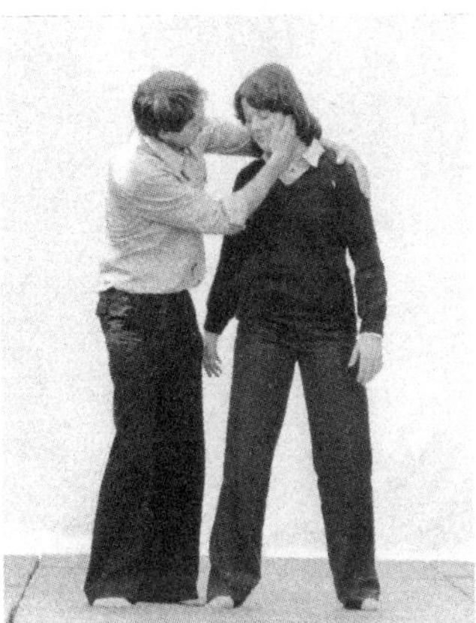

Hier ein Schulterhebel nach einer rechten Sichel.

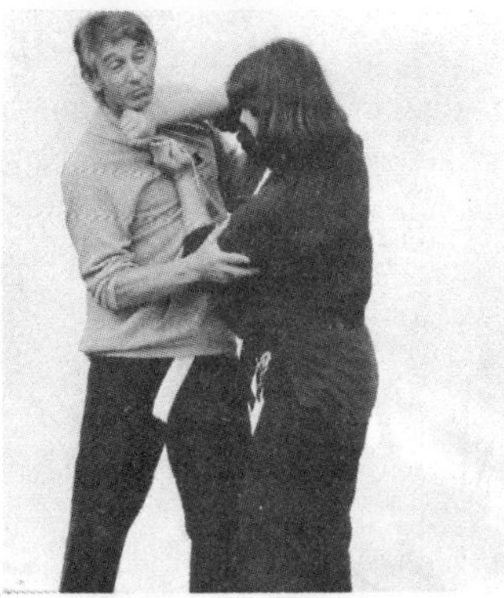

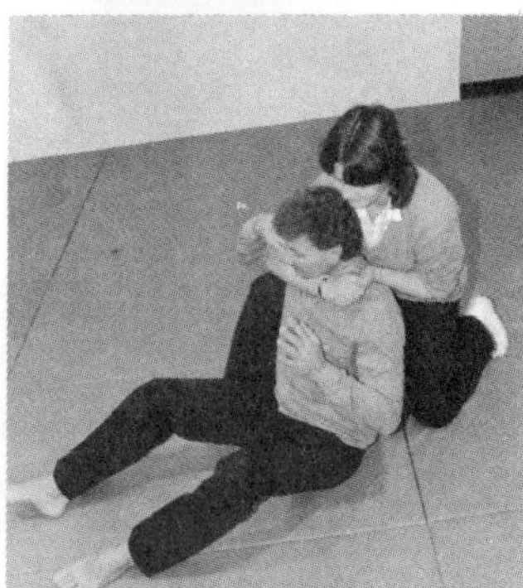

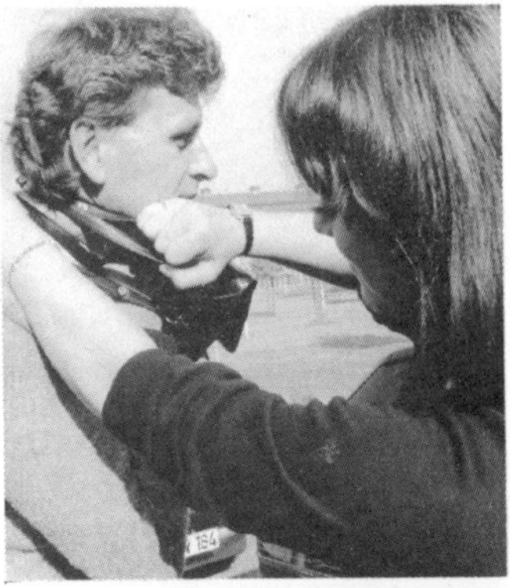

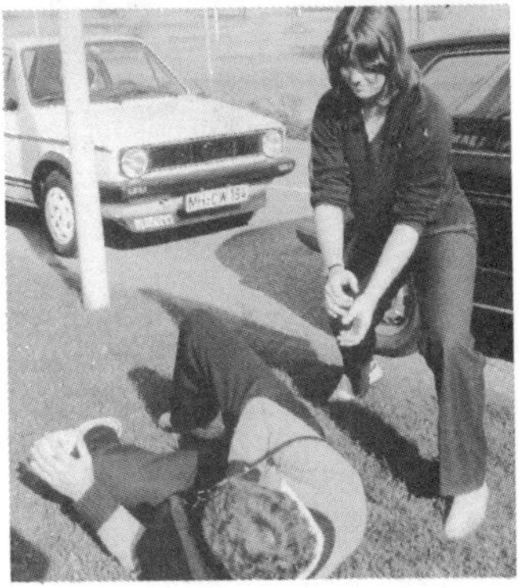

Der Angreifer fällt durch eine rechte Beinsichel nach hinten.

Hüfttechniken

Gerade Frauen sind oder müßten sehr wendig in den Hüften sein.
So kann man einen Aufdringling, der eine Hand um Ihre Schulter legt, mit einem Arm unter Zuhilfenahme Ihrer Hüfte auf die Erde schmettern. Wenn der Gegner in der Fallschule nicht zu Hause ist, wird er sehr unsanft landen.

Sie legen Ihren Arm um die Taille des Gegners und schieben mit Schwung und vollem Elan die Hüfte zum Wurf ein.

Auch die anderen Hüfttechniken sind – im rechten Moment angesetzt – ein voller Erfolg. Stellen Sie sich, wenn es die Situation erlaubt, bereits so, daß der Gegner unweigerlich Ihrem Hüftwurf zum Opfer fallen muß.
Wenn der Angreifer aufschlägt, schlagen oder treten Sie in diesem Moment in sein Gesicht oder gegen den Unterleib. Besser noch, Sie treten mit dem Absatz Ihres Schuhes auf die am Boden aufliegende Hand.

Auf diesen Würgegriff von der Seite kann man mit einem Hüftwurf kontern. Ihr rechter Arm drückt im Nacken, die linke Hand greift und zieht nach links oben.

Der Kopfwurf

Der Kopfwurf ist ein von vielen Lehrern mit wiegendem Haupt gelehrter Wurf, weil er dem Erfahrenen auf der Matte bei Kampfturnieren meist schon vor dem Ansatz bekannt wird. Das wiederum kann verhindert werden, wenn man diesen Wurf aus den verschiedensten Positionen ansetzen und werfen lernt.
Aber Sie sind kein Turnierfuchs, und Sie haben es wahrscheinlich auch nicht vor, es zu werden. Eben deshalb ist dieser Wurf für Sie gut ausführbar.
Der Kopfwurf ist eine Technik, auf die jeder Laie und Anfänger bei einer bestimmten eigenen Körperhaltung hereinfällt.
Das Selbstverteidigungsprinzip »Siegen durch Nachgeben« kommt nirgends mehr zur Geltung als in dieser Technik. Der Satz des Begründers des Judo, Jigoro Kano, heißt:
»Wenn der Gegner drückt, dann ziehe, und wenn er zieht, dann drücke«.
Sie sollten, wenn Sie perfekt in der Fallschule sind, diesen Wurf aus diversen Bewegungen und Schritten üben. Einmal im Rock, einmal in langen Hosen.
Wenn Sie z. B. gewürgt werden, dann ziehen Sie die Schultern an und drücken gegen den Gegner. Der wiederum drückt noch stärker zurück, um Sie in Ihre Schranken zu weisen. Diesem starken Kraftaufwand geben Sie plötzlich nach und setzen gleichzeitig Ihr rechtes Bein vor seine linke Leiste. Durch das Mitgehen oder Hinsetzen auf den Boden werfen Sie den Gegner über Ihren Kopf.

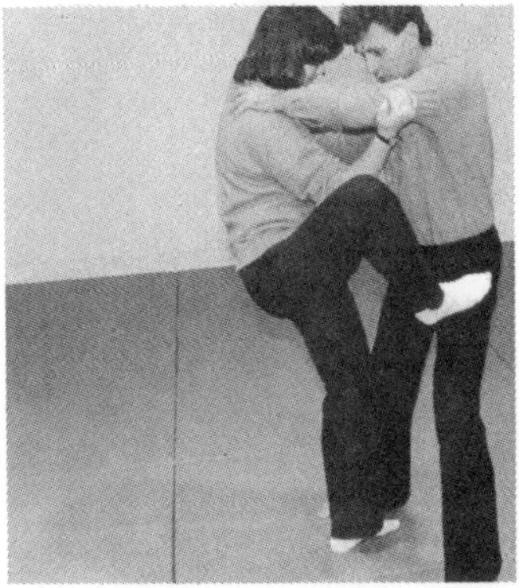

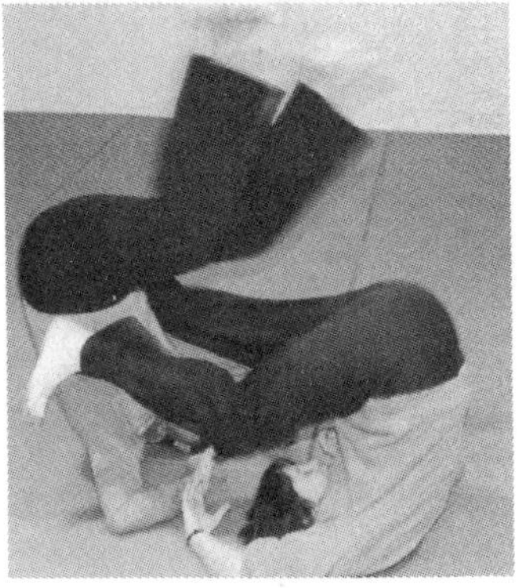

Hier sehen Sie eine Variante des Kopfwurfs für Fortgeschrittene.

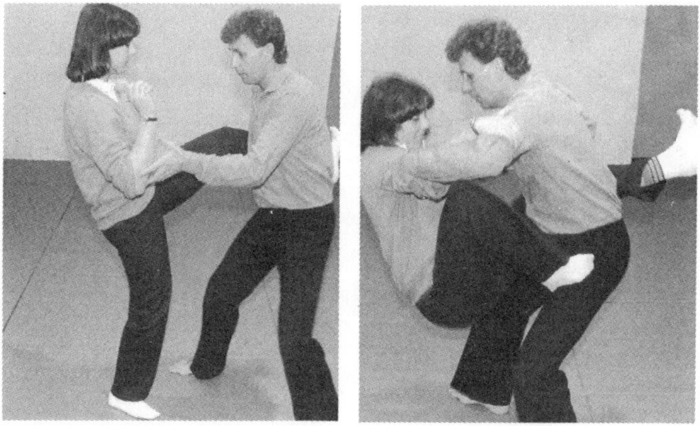

Der Angreifer hat nach einem mißglückten Tritt Ihr linkes Bein gepackt. Sie packen seine Schultern und springen mit dem rechten Fuß vor die Leiste.

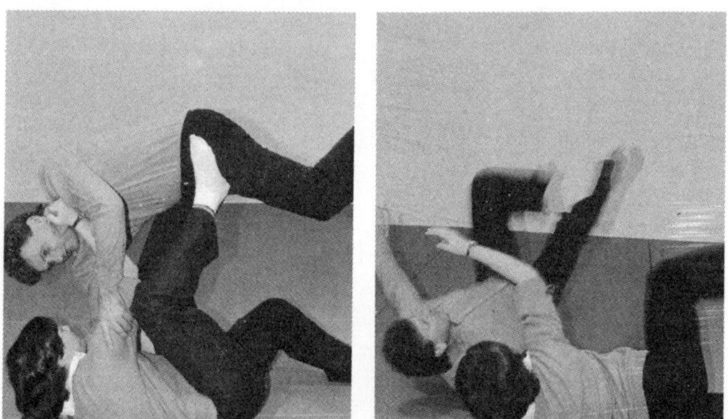

Der Mann wird nun nach links neben Sie geworfen.

Wenn der Gegner Laie oder Anfänger ist, wird er schwer getroffen am Boden liegen bleiben.

Fuß- und Beintechniken

Fuß- und Beintechniken umfassen ein weites Gebiet der Selbstverteidigung.
Mit dem Fuß kann man treten, mit ihm kann man werfen und blocken! Ebenso mit dem Bein.
Es gibt herrliche Beinwürfe und Beinschläge. Mit dem Bein ist man sogar imstande zu würgen.
Die Tritte, die hier empfohlen werden, sind nicht wettkampffähig, aber mit Erfolg gegen alle Angriffe anwendbar.

Fußtritt von hinten in die Kniekehle. Achten Sie darauf, daß der Mann nach hinten fällt, setzen Sie dann z. B. einen Fauststoß zum Kopf nach.

Kniestoß zwischen die Beine

Der Fersentritt zum Rücken

Rechter Fußsohlentritt vor die Rückhand, der Körper wird frei – es folgt aus dieser Drehung ein seitlicher Fußtritt zur kleinen Rippe.

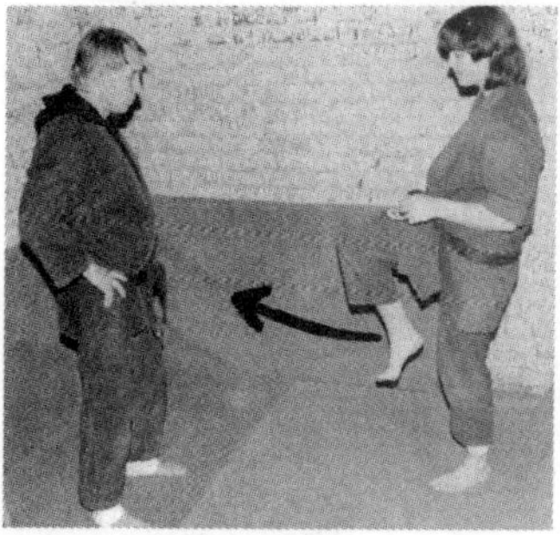

Tritt mit dem Fußballen

Der Tritt schnellt aus dem Kniegelenk

Auch bei dem Tritt mit dem Fußspann (er kann oft aus einer ungelenkten, kurzen Distanz durchgeführt werden) ist das aus dem Kniegelenk schnellende Bein nicht unwesentlich!

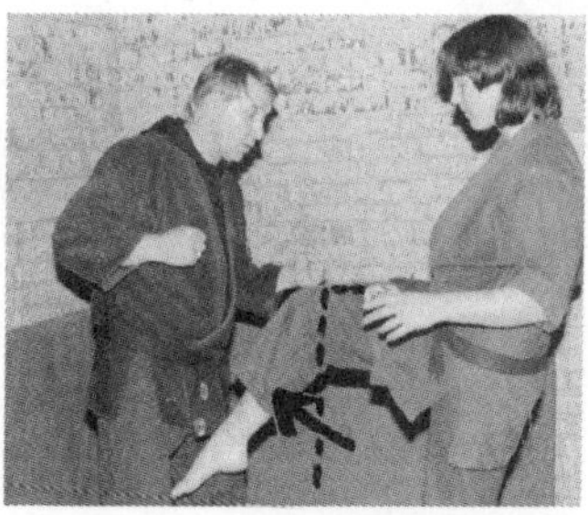

In Röcken kann man Fußangriffe leichter ansetzen als in engen Jeans.
Gehen Sie bewußt und nutzen alle Chancen. Im rechten Moment die richtige Abwehr!

Eine fachgemäß angesetzte Nierenschere ist von großem Wert, wenn es sich nicht um einen »fülligen« Mann handelt. Ein schlanker Angreifer wird durch die Nierenschere arg in Bedrängnis gebracht. Der Angriff auf dem Tisch verdeutlicht es.

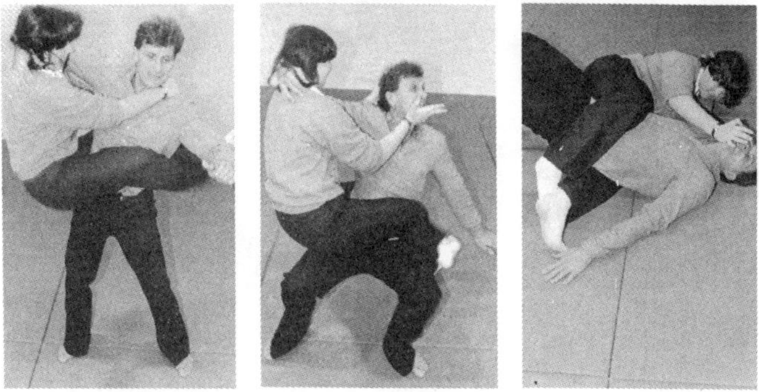

Der Angreifer bedrängt Sie dicht von vorne. Packen Sie seine Schultern, und springen Sie plötzlich in diese Schere. Ihre rechte Handfläche vor das Kinn (die Finger zeigen nach vorne), die linke Hand greift die Haare des Hinterkopfs. Sie drehen den Kopf plötzlich nach links, wodurch ein Genickhebel entsteht, und der Mann fällt nach hinten. Kurz vor dem Boden nehmen Sie Ihre linke Hand weg und stoßen mit rechts den Kopf auf das Pflaster.

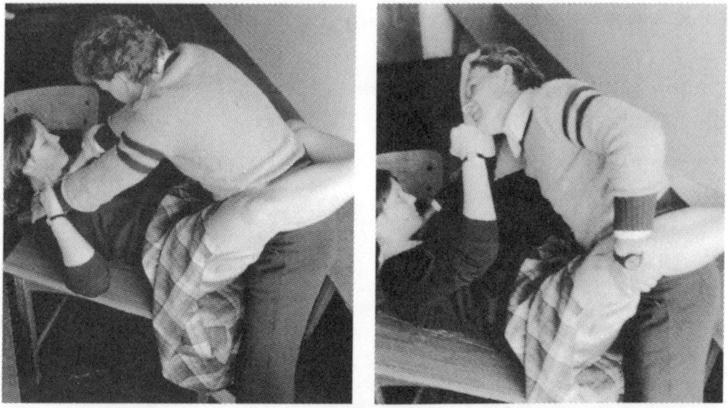

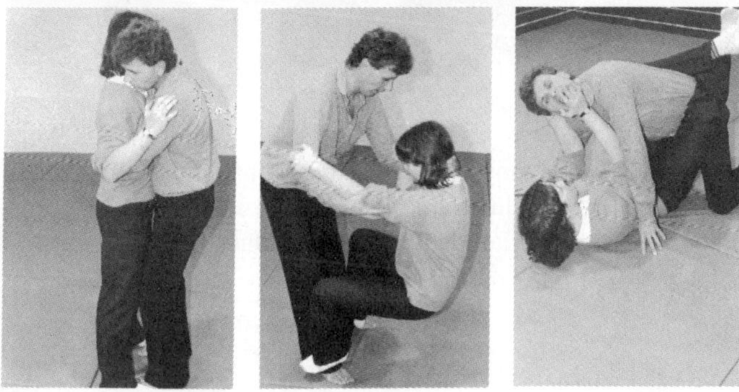

Dieser Sprung auf die Füße des Angreifers hilft Ihnen, leichter in die Nierenschere zu gelangen.

Die Abwehr aus der Bodenlage – der Bodenkampf

Der Kampf im Stand verleiht jedem Menschen noch eine gewisse Sicherheit. Auch hat er noch eine Hoffnung, aus diesem Kampfgeschehen herauszukommen, ohne großen Schaden zu erleiden. Ihm bleibt ebenfalls die Hoffnung, im gegebenen Falle durch Flucht den Kampf zu entscheiden.
Die Bodenlage wird mit Begriffen verknüpft wie z. B. Verletzungen, Besiegtsein, Aufgabe usw. Muß das so sein?
Es gibt sogar Sportler, die sich »am Boden« geradezu am wohlsten fühlen und versuchen, den Gegner in die Bodenlage zu ziehen.
Daß Sie sich als Frau besonders unwohl fühlen, wenn Sie von einem Angreifer in die Bodenlage gebracht werden, leuchtet ein. Sie sehen den »Stärkeren«, den »Mann«, oben. Ein Bild aus der sexuellen Begriffswelt wird von Ihnen empfunden. Der Mann, der Sie angreift, denkt im umgekehrten Verhältnis. Er sieht sich seinen abnormen Wünschen nahe; er sieht Sie unter sich.
Ein lockeres aber intensives Training wird Ihnen zeigen, daß Sie bald in der Lage sein werden, die Dinge anders zu sehen.
Ein Bodenkampf ist immer mit Kraft verbunden. Vor allem dann, wenn Sie nicht mit Techniken vertraut sind, die eben durch Geschicklichkeit und Ruhe die angewandte Wucht zunichte macht. Ein mit einem männlichen Partner durchgeführtes regelmäßiges Training wird Ihre Technik verbessern und Ihre Kondition steigern.

Verschiedene Abwehrmöglichkeiten aus der Bodenlage

Ich kenne viele Schülerinnen, die sich nur ungern hinlegen und eine gezeigte Technik mit Charme »andeuten«. Mehr ist es nicht! Davon fällt kein Mann um! Meine Empfehlung heißt: »Wehren Sie sich wie ein Muttertier, dem man das Junge wegnehmen will!« Gewöhnen Sie sich an solch intervallmäßig ausgeführtes Abwehren. Es muß ein Ausbruch Ihrer ganzen Vitalität, Ihres ganzen Temperaments werden. Nur so gewinnt eine Frau gegen jeden Angriff männlicher Stärke.
So greift er an:

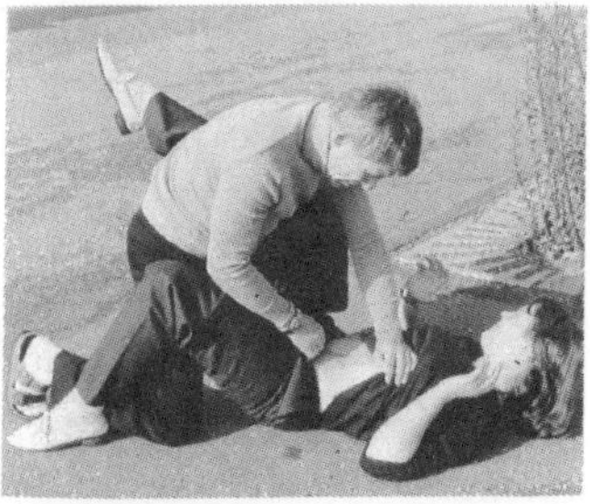

Eine Hand oder zwei Hände benötigt er zum Entkleiden. Es entsteht eine Lücke. Wie können Sie antworten?

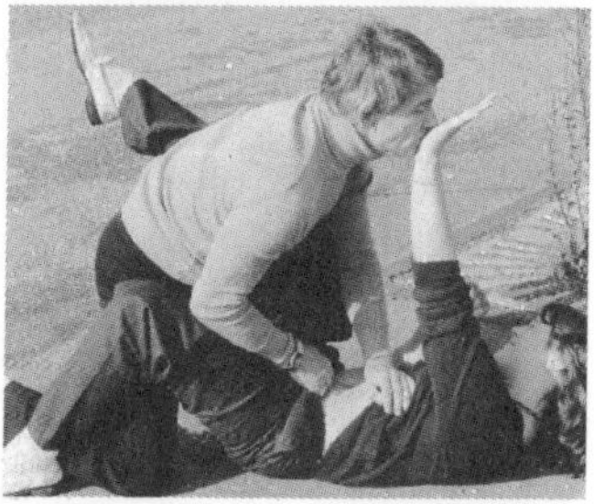

Handballenstoß unter die Nase

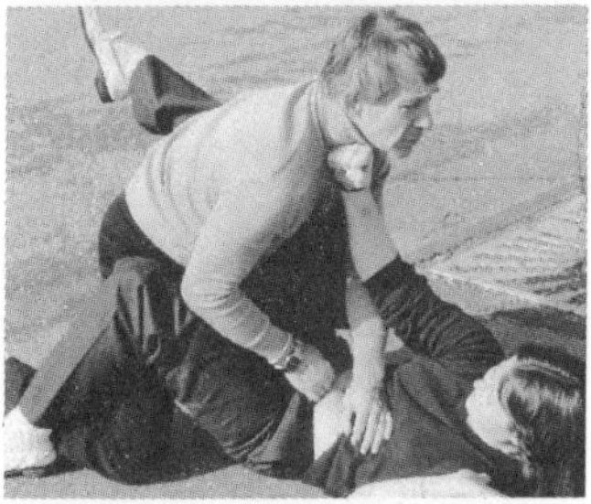

Fauststoß vor den Kehlkopf

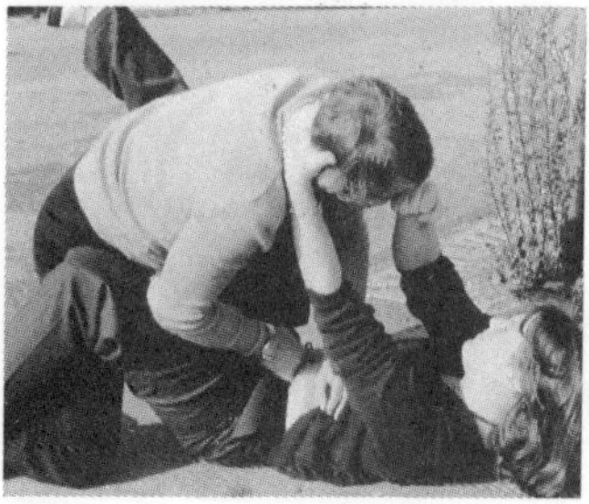

Fauststoß zum Gesicht, nachdem die linke Hand den Hinterkopf packen konnte.

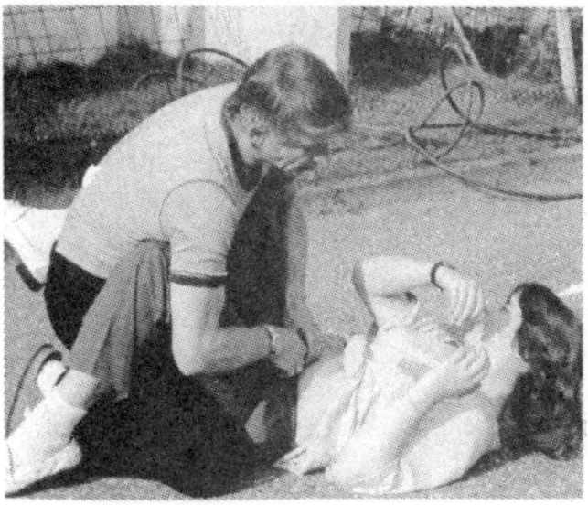

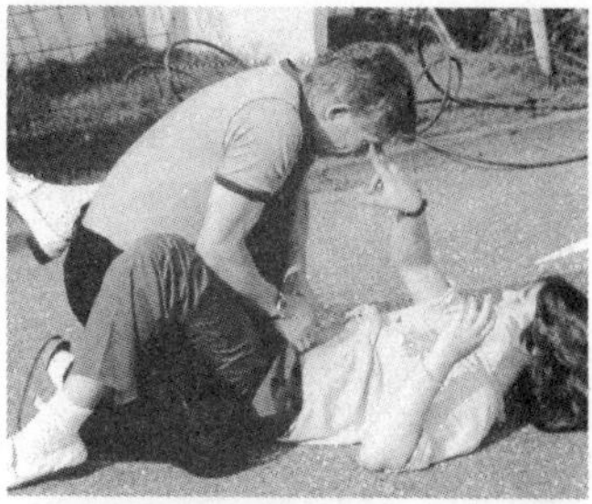

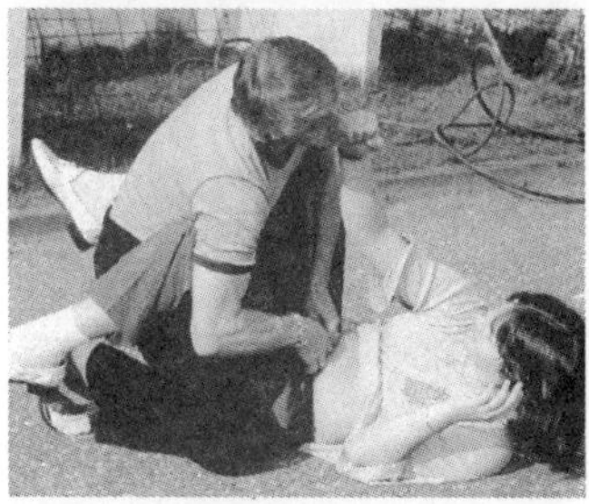

Der Angreifer öffnet die Hose – beide Hände sind belegt.
Es entsteht eine Lücke, und Sie kontern mit einem Stich zum Auge oder einem Faustst0ß zum Kopf.

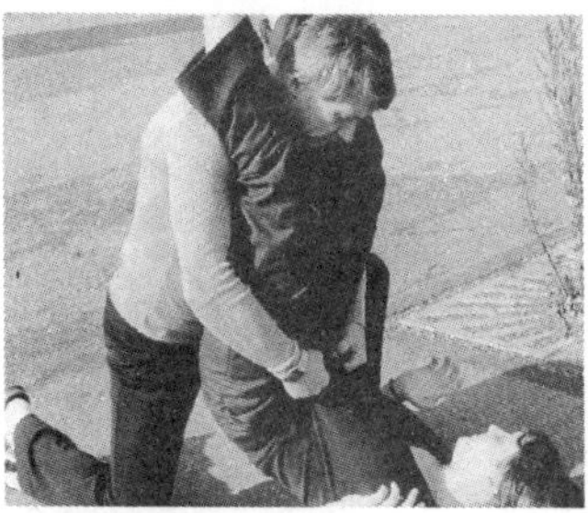

Fersentritt zum Kopf

Fersentritt unter das Kinn

Der Tritt von der Seite

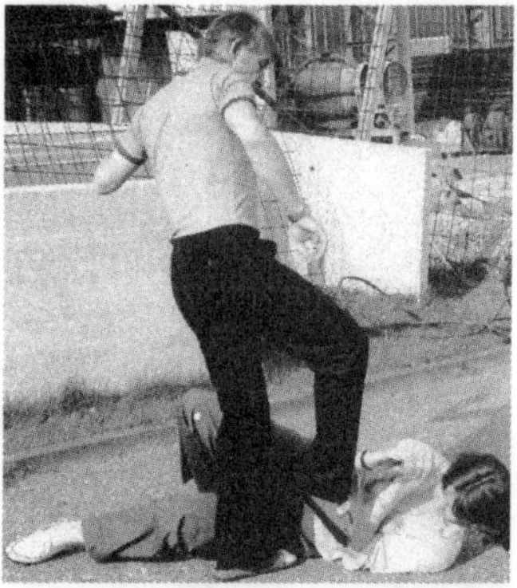

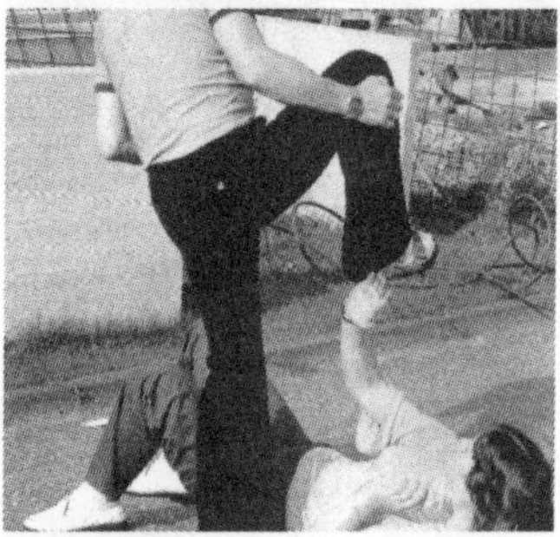

Der Angreifer setzt einen Tritt zu Ihrer linken Seite. Sie drehen sich nach links und blocken mit einem Doppelblock (doppelter Stopp mit den Handkanten). Jetzt rechter Fußtritt zum Angreifer hoch.

Der Tritt von oben

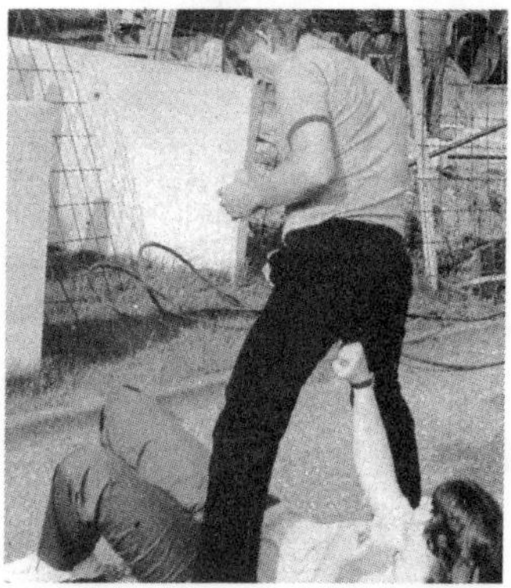

Hier wird das Bein seitlich weggeblockt und mit einem geraden Fauststoß zum Unterleib gekontert.

Abwehr gegen Stockangriffe

Zu Anfang sollten Sie 3 Formen einer Verteidigung gegen Waffen beherzigen:

- »In den Mann gehen«;
- seitliches Ausweichen;
- Ausweichen nach hinten.

Unterschieden werden Angriffe mit Kurzstöcken, Langstöcken und ähnlichen Holzwaffen. Ein angespitzter Holzstab oder Spazierstock kann auch als Stichwaffe geführt werden. Das sollten Sie mit einem Blick »be-greifen«.

Ein Stock kann von oben her zum Kopf geschlagen werden. Man nennt ihn Kopfschlag. Man kann ihn etwas »oben, seitlich« schlagen, wenn er Hals, Schulter oder die oberen Körperpartien treffen soll. Ebenfalls ist es möglich, eine Holzwaffe quer gehalten gegen den Kehlkopf oder unter die Nasenscheidewand zu schlagen.

Weiter sollten Sie wissen, daß ein Angriff mit einem Kurzstock, der mit einer Hand geführt wird, schneller ist, als ein Angriff mit einem Langstock, der mit zwei Händen gehalten werden muß. Schätzen Sie das mit einem Blick ab. Erfassen Sie sofort Ihre Situation und Abwehrmöglichkeiten.

In den nächsten Bilderreihen werden Ihnen Angriffs- und Abwehrmöglichkeiten gezeigt. Verwenden Sie viel Ausdauer und Geduld, um diese Techniken gut und präzise zu erfassen.

Linker Schritt vor und Linksblock (Ihr Arm ist nach vorne gelegt!). Die rechte Hand greift die Haare, und gleichzeitig erfolgt ein rechter Kniestoß.

Der Angreifer stößt zu. Weichen Sie rechtwinklig nach vorne aus! Zuerst rechter Schritt vor und dann linkes Bein zurückdrehen (siehe Fußstellung auf dem mittleren Bild). Gleichzeitig greift Ihre rechte Hand das obere Ende des Stocks. Jetzt reißen Sie diesen nach oben, und es folgt ein linker Fauststoß.

Der Schlag zur Niere. Linker Block und den Arm sofort festlegen. Setzen Sie jetzt Ihr rechtes Bein hinter das rechte Bein des Angreifers. Es folgt ein Handballenstoß unter das Kinn.

Abwehr gegen Hiebwaffen

Damit nicht der Eindruck für den Laien entsteht, nur ein Stock sei eine Hiebwaffe, sollen hier noch verschiedene Waffen, die zum Schlagen geeignet sind, aufgeführt werden.
Wenn ich nun von Waffen spreche, so ist es so, daß die Bronzefigur aus dem 17. Jahrhundert, die auf einem Schrank steht, dann zur Waffe wird, wenn sie von einem Angreifer zum Schlag gegen Sie erhoben wird.
Sie ist in der Tat anders abzuwehren als der Kurz- oder Langstock, der ja kaum ein Eigengewicht hat. Einem schweren Gegenstand weicht man am besten aus, wenn es die räumliche Situation zuläßt.

Nun sehen Sie schon, daß man diverse Gegenstände als Hiebwaffe verwenden kann. Ihnen fallen sicherlich auf Anhieb einige Dinge ein. So der Aschenbecher, die Vase und die Flasche, die besonders dann gefährlich wird, wenn sie zerbrochen ist und dann eine Stichwaffe darstellt.
Aber auch eine Schußwaffe ist nicht nur zum Schießen geschaffen. Wenn man sie am Lauf ergreift und den »Knauf« oder Pistolengriff, erhebt, wird die Schußwaffe zur Hiebwaffe.
Setzen Sie den Angreifer, nachdem Sie ausgewichen sind (nach vorne, seitlich oder nach hinten), durch einen Schlag oder Tritt außer Gefecht!

Arbeit mit Stock, Schirm, Latte usw.

Wenn man lernt, einen Stockangriff erfolgreich abzuwehren, soll man auch wissen, wie man mit dem Stock, den man in seinen Besitz gebracht hat, umgehen muß. Einen Kurzstock in der Größe eines Regenknirpses kann man in mannigfacher Abwehrweise gebrauchen. Es genügen einige Übungen, um geschickt den Stock zur Abwehr zu verwenden. Das gleiche gilt für den Stockschirm.
Genausogut können in großer Not eine lockere Zaunlatte oder ein fester Stock verwendet werden.

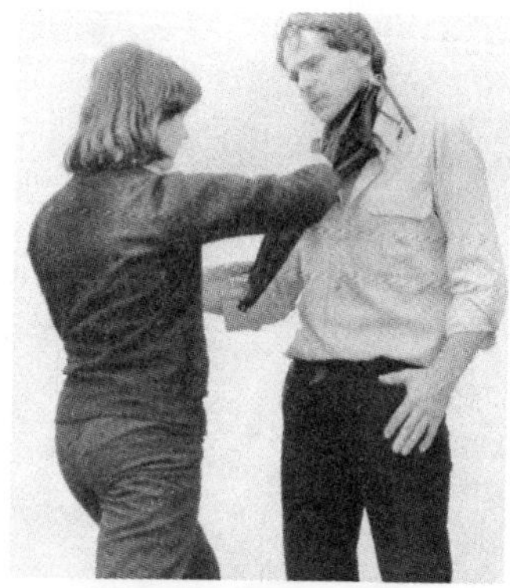

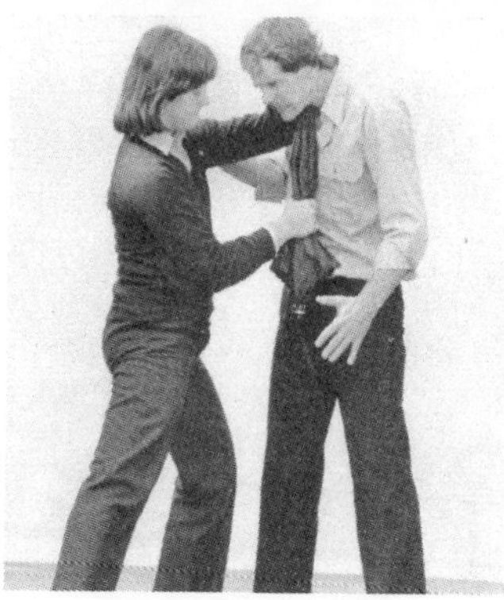

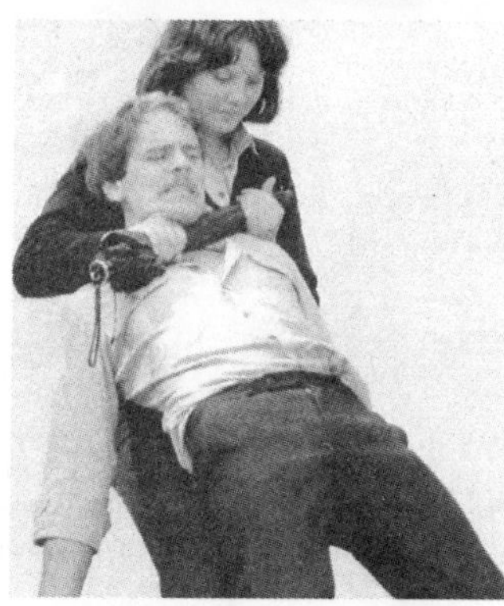

Eine alte Holzlatte oder zwei zerbrochene Holzstücke können bei einer Abwehr gute Dienste leisten. Mit der einen »blockt« man, mit der anderen »sticht« oder »schlägt« man.
Ständiges Training verleiht Ihnen dazu Geschicklichkeit und Selbstbewußtsein.

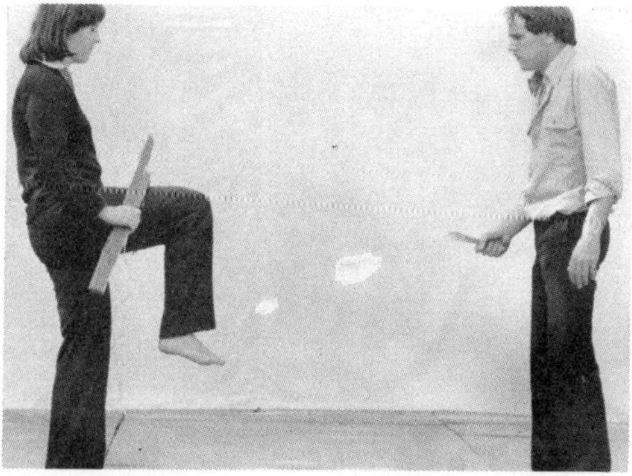

Abwehr gegen Schußwaffen

Drei wichtige Unterscheidungen sind bei Schußwaffen zu treffen:
Langwaffen (Gewehre, Maschinenpistolen),
Pistolen (mit oder ohne Schlagbolzen),
Revolver (immer mit Schlagbolzen).

Sehen Sie sich diese Abbildungen in Ruhe an, damit Sie die Voraussetzung für eine gute Schußwaffenabwehr mitbringen.
Die Schußwaffe ist die gefährlichste Waffe überhaupt. Gefährlich wegen ihrer schnellen Schußfolge, die auf weite Entfernung noch tödlich wirken kann.
Pistolen oder Revolver können meist bis zu achtmal hintereinander zum Schuß kommen.
Das allein zu wissen, ist von großer Wichtigkeit. Nur wenn Sie sich dessen bewußt sind, können Sie sich erfolgreich verhalten. Das heißt, Sie sind in der Lage, »Ihren Moment« zu bestimmen oder es ganz sein zu lassen.
Um der Gefährlichkeit Herr zu werden, benötigen Sie *Übersicht* und *Schnelligkeit*. Den Lärm des Abschusses ertragen Sie nur dann, wenn Sie um ihn wissen, er Sie nicht überrascht und aus der Fassung bringt.

Wenn jedoch Lebensgefahr für Sie besteht, kann die Waffe noch so groß sein – sie *müssen* angreifen!
Betrachten Sie den Angreifer aufmerksam. Sprechen Sie stets mit dem Angreifer, und zeigen Sie ihm Angst. Beobachten Sie seine Pistolenhaltung!
Ist sie locker, spielerisch, überlegen? Ist sie verkrampft, nervös oder gehemmt? Hält er den Finger am Abzug oder nicht? Kann man seine Verkrampfung durch Sprechen und vorgetäuschte Ängstlichkeit auflockern? Gibt er sich schon Blößen? Ist der Bedroher Links- oder Rechtshänder?
Bereiten Sie ganz ruhig eine gute Methode vor! Entnehmen Sie – nur wenn möglich – unbemerkt eine Kleinwaffe, und halten Sie diese unauffällig bereit.
Wenn man sehr geübt in der Pistolenabwehr ist, braucht man die Kleinwaffe vielleicht gar nicht.
Erste Bedingung vor einer guten Abwehr: *Ruhe!*
Atmen Sie ganz gelassen. Lenken Sie den Gegner durch Gesten und Gespräche ab, lockern Sie den Bedroher! Warten Sie auf einen *sehr günstigen* Moment, um dann eine Attacke zu starten.

Sehen Sie mit einem Blick:
Langlauf oder Kurzwaffe?
Schlagbolzen oder nicht?
Ist der Schlagbolzen gespannt? (siehe Abbildung)
Ist der Mann locker, nervös oder verkrampft?
Wie ist meine Situation?
Ein Angriff mit einer Langlaufwaffe birgt gute Aussichten in sich. Der Gegner kann diese Waffe immer nur mit dem ganzen Körper hin und her bewegen, wenn er sie gut unter Kontrolle halten will.
Dagegen ist eine Pistole (Handfeuerwaffe) mit der Hand schnell in alle Lagen zu bringen. Wenn der Angreifer Ihnen gegenüber die Hand in seiner Tasche hält und die Tasche sehr ausgebeult ist, hält er eventuell eine Pistole in ihr verborgen. Sie müssen in jedem Fall davon ausgehen. Eine Abwehr wäre hier nur für Spezialisten im rechten Moment von Erfolg.
Aber schauen Sie auf den Schlagbolzen. Ist der Bolzen nach hin-

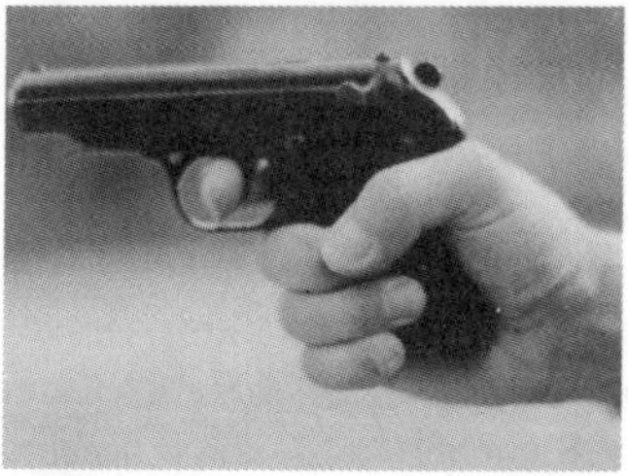

Nicht gespannter Schlagbolzen

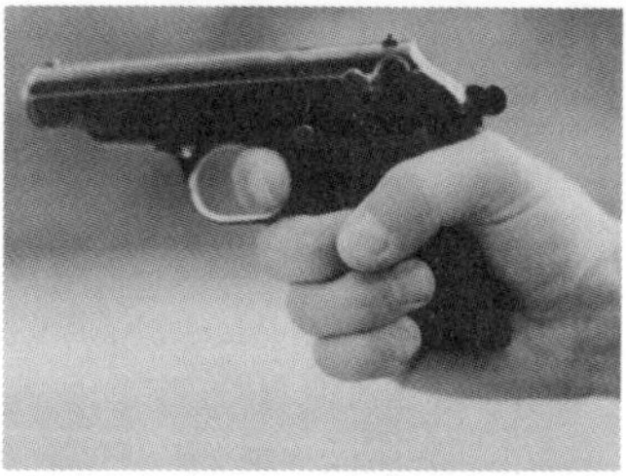

Gespannter Schlagbolzen

ten gezogen – also gespannt –, oder ruht er am Ende des Pistolenlaufes?
Ein gespannter Bolzen hat 15 mm weniger Weg als ein ruhender Bolzen! Aus diesem Grunde sollten Sie die dafür empfohlenen Techniken jeweils in der positivsten Situation anwenden.
Wir unterscheiden zwischen kontrollierten Techniken und freien Techniken.

Pistolenabwehren von vorne

Hier hält der Angreifer die Waffe locker – überlegen. Sie täuschen Ängstlichkeit vor.

Nach links rechtwinklig ausweichen (aus der Schußlinie) und plötzlicher linker Handballenstoß vor die Rückhand. (Hält er die Waffe oberhalb, sind Ihre Finger auch nach oben gerichtet – hält er die Waffe ziemlich tief, zeigen Ihre Finger beim Stoß nach unten.)

Linker Rückhand- oder Rückfaustschlag zum Kopf . . .

. . . und rechter Fauststoß zum Magen.

Rechtwinklig nach links ausweichen und rechter Handkantenschlag ins Handgelenk. Gleichzeitig linker Handballenstoß auf die Rückhand. Die Waffe fällt, setzen Sie eine Aktion nach!

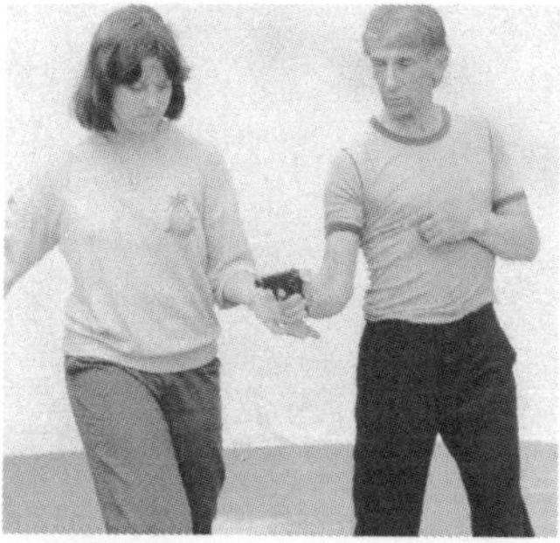

Rechtwinklig nach links ausweichen und mit links das Handgelenk greifen. (Ihr Körper ist aus der Schußlinie!) Ihre rechte Hand stößt vor die Rückhand, wobei Ihr Zeigefinger auf den des Angreifers drückt.

Abwehr von der Seite

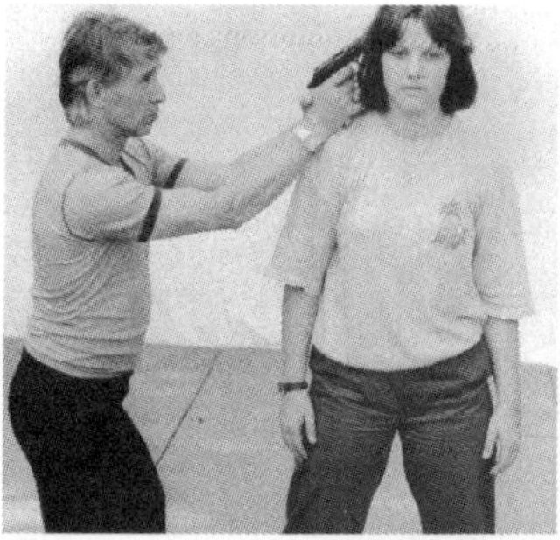

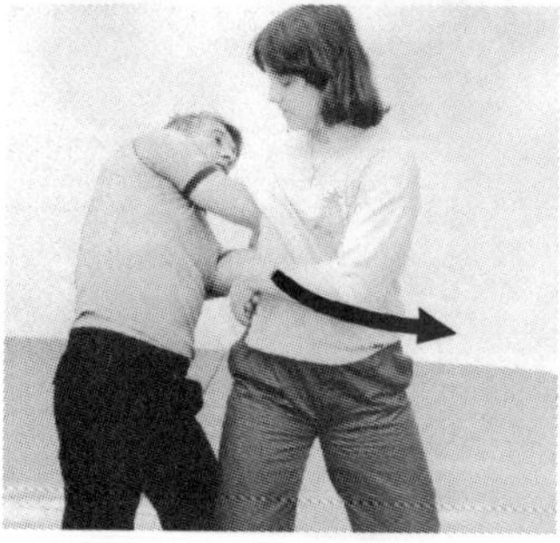

Die Arme des Angreifers werden festgelegt.

Durch folgende Linksdrehung entsteht ein Hebel.

Abwehr von hinten

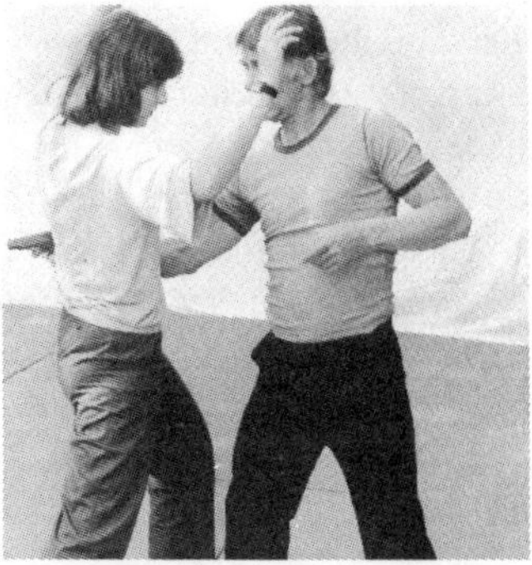

Linksdrehung und die Hand fest mit dem linken Arm einklemmen . . .

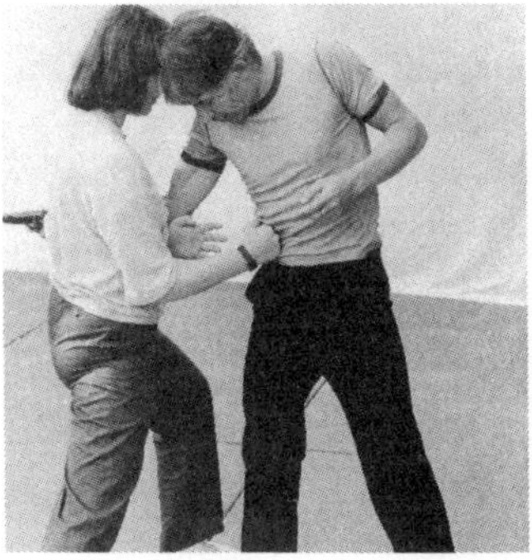

. . . rechter Fauststoß oder Kniestoß folgt.

Bei diesen aufgeführten Techniken müssen Sie wissen, daß eine Pistolenabwehr schwer zu erlernen ist. Soll sie im Notfall 100%ig erfolgreich sein, bedarf es eines ausdauernden Trainings. Schnelligkeit und Sicherheit sind zwei Dinge, die voll ausgeprägt sein müssen.
Sind diese Bedingungen nicht erfüllt, unterlassen Sie eine Abwehr!

Abwehr gegen Stichwaffen

Ich schreibe bewußt nicht Abwehr gegen Messer, weil ein Messer zwar die gebräuchlichste Stichwaffe ist, aber zum Angriff auch andere Stichwaffen zum Einsatz gelangen können.
So ist ein spitzer Brieföffner ebenso gefährlich wie ein Messer. Ebenso ein überlanger Nagel, eine Schere, ein spitzer Holzpflock sowie eine lange Nadel oder auch ein Schreibkuli.

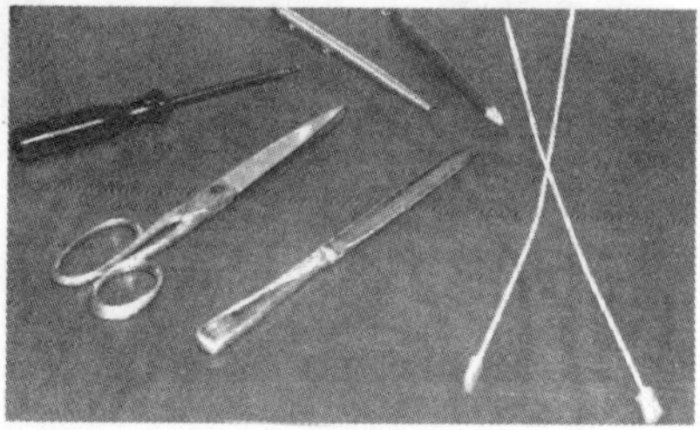

Das auf dem Bild gezeigte Stichutensil ist bereits halb so risikoreich, wenn man weiß, von welcher Richtung gestochen werden könnte. Schauen Sie sich die Stichhaltungen an, und prägen Sie sich diese Haltungen ein.

Beispiele

- Hält der Angreifer die Waffe wie unten abgebildet, so wird er meistens zum Kopf, zur Brust oder zu Ihrer rechten Seite stechen.

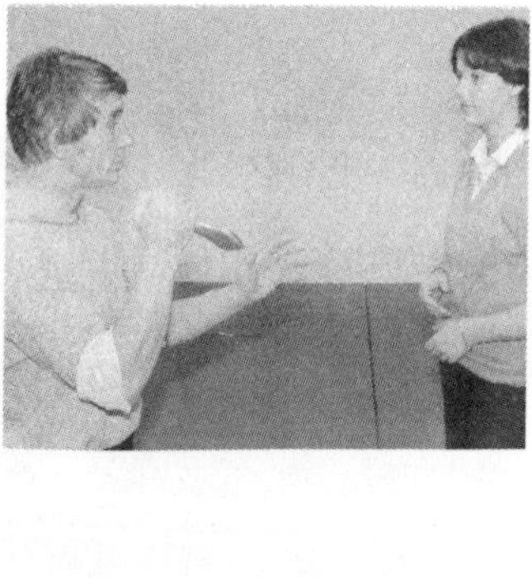

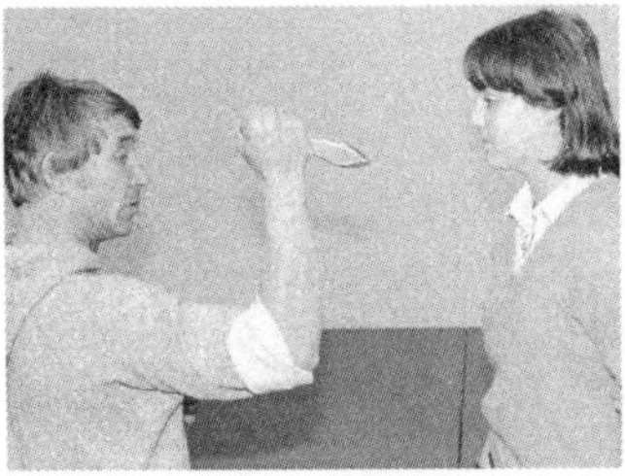

Kopfstich oder der Stich zur Brust

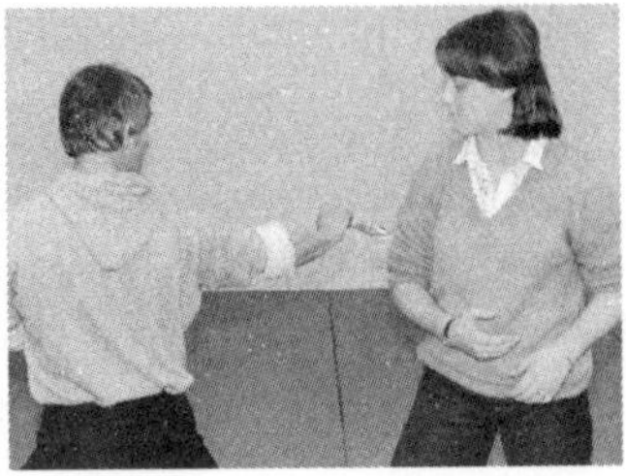

Außenstich

- Hält der Angreifer die Waffe wie auf der 1. Abbildung, so wird er meistens zum Bauch oder zu Ihrer linken Seite stechen.

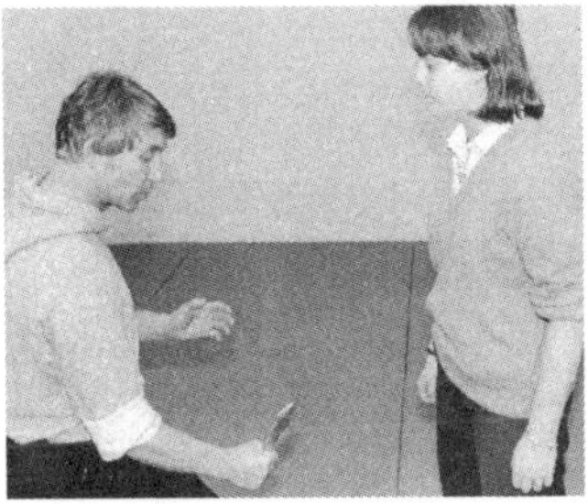

Bauchstich

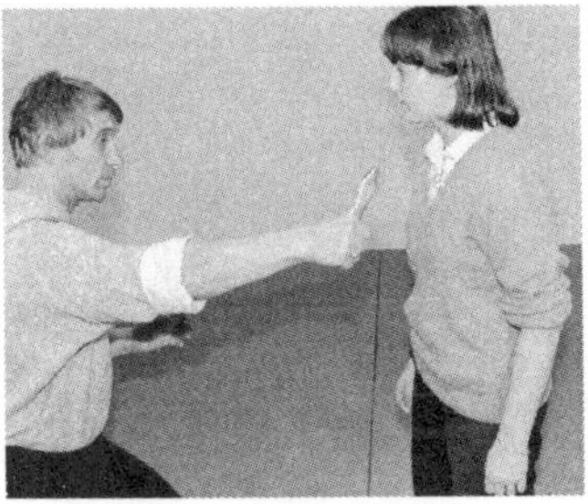

Innenstich

- Bei dieser Haltung sticht oder besser stößt der Angreifer schnell zu und zieht das Messer zurück. Bei diesen Situationen (wie überhaupt bei allen Messerabwehren) ist besondere Vorsicht und Schnelligkeit Voraussetzung!

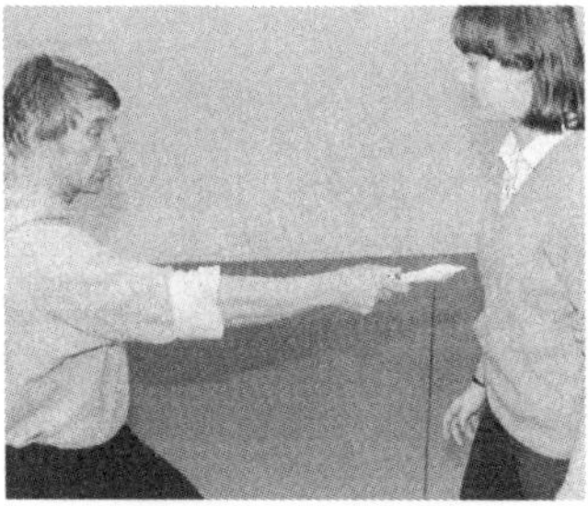

Florettstich

Es werden diverse Richtungen unterschieden:
Kopfstich, Bauchstich, Halsinnenstich, Halsaußenstich, Nierenstich und die Stiche spezialisierter »Messerhelden«. Aber es hört sich schlimmer an, als es ist. Diese Stichvarianten zu erlernen wäre nicht schwer, wenn es um die Anzahl der Stiche gehen würde. Jedoch geht es nicht um die Quantität, sondern um eine ausgezeichnete Qualität. Darauf müssen Sie unbedingt achten!

Messerabwehr gegen Kopfstichangriff

Linksblock – rechter Schlag auf den Arm – linker Fauststoß zum Kopf. Blocken Sie niemals den Arm des Angreifers über Ihrem Kopf!

Abwehren gegen Halsinnenstich

Linksblock und rechter Fauststoß

Linksblock – rechter Handflächenstoß unters Kinn und gleichzeitiges Einhaken des rechten Beines.

Linker Handkantenblock – beide Hände greifen das Handgelenk –

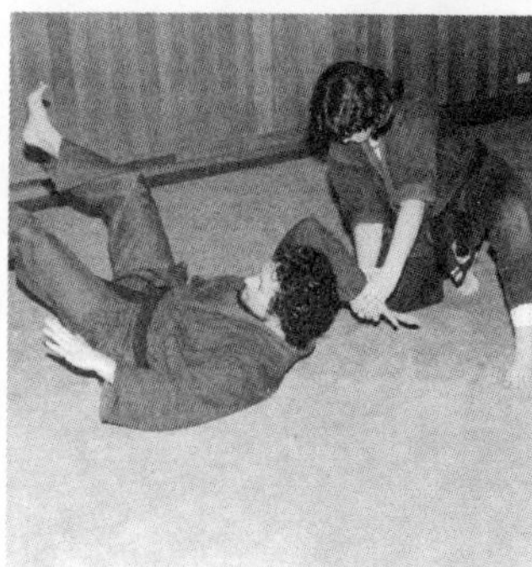

bei einer folgenden Rechtsdrehung unter den Arm (360°) wird der Angreifer durch einen Hebel nach hinten geworfen.

Messerabwehr gegen Hals-
außenstich

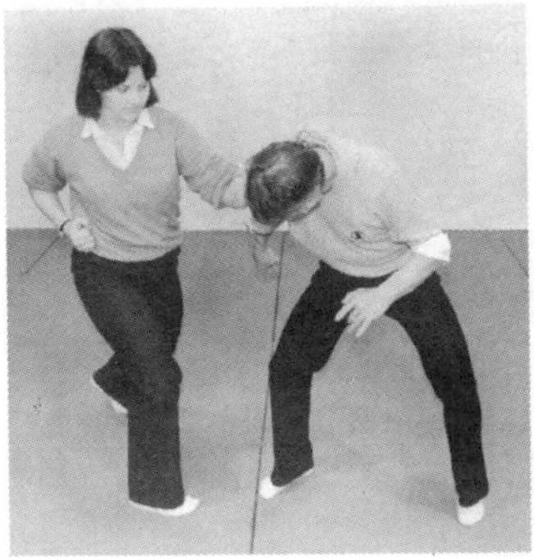

Rechtsblock – kreisförmig am Bein vorbei – linker Fauststoß zum Kopf.

Abwehr gegen Messer-
bedrohungen.

Zug am Revers mit gleichzeitigem Stich

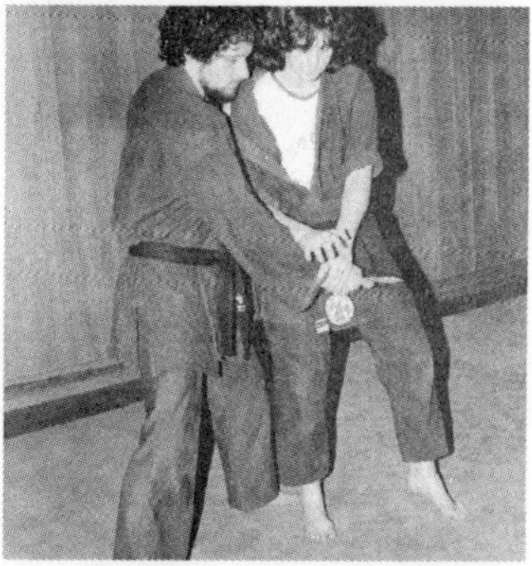

Rechtwinklig nach rechts ausweichen – gleichzeitiger Block und Griff des Armes –

Handflächenstoß unters Kinn und gleichzeitig das rechte Bein einhaken. Wichtig ist das »In-den-Mann-Gehen«!

Messerabwehr von hinten

Durch eine plötzliche Rechtsdrehung wird der Waffe ausgewichen.

Gleichzeitig wird der Arm, durch festes Greifen und Einklemmen unter dem eigenen Arm, unter Kontrolle gebracht.

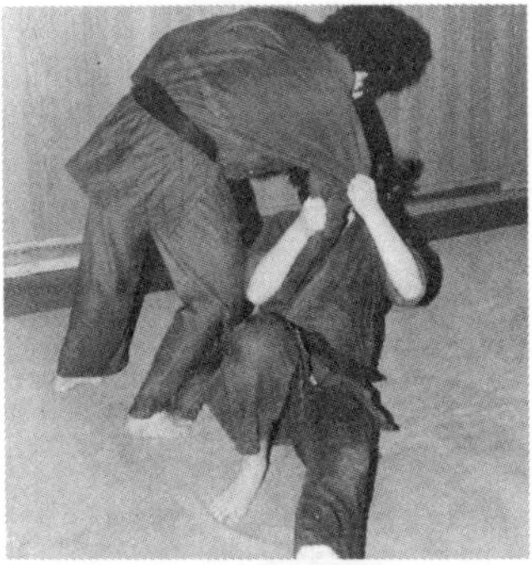

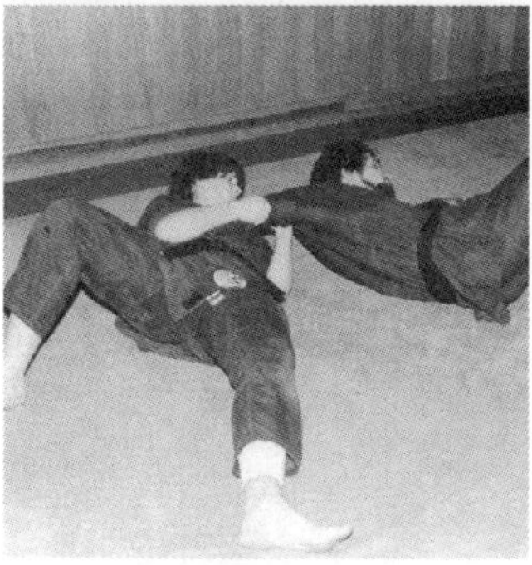

Dem folgenden Wurf kann der Angreifer nicht entgehen. Versichern Sie sich immer vorher, ob der Gegner Rechts- oder Linkshänder ist.

Bei einem Stoß des Armes vom Körper nach unten greifen die Hände so, daß beide Daumen oben liegen.

Jetzt folgt eine Rechtsdrehung unter den Arm hinweg (180°),

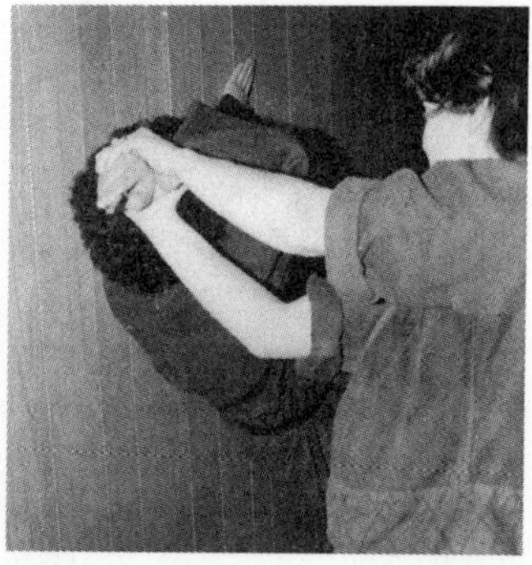

und der Angreifer wird gegen die Wand geschmettert.

Mit der folgenden Bilderserie wird gezeigt, welche Hilfsmittel Ihnen bei der Abwehr gegen Stichwaffen zur Verfügung stehen, z. B.
Mantel oder Jacke, der Gürtel, der Schuh . . .

Die Abwehr mit dem Mantel oder der Jacke

Die Abwehr mit dem Gürtel

Die Abwehr mit dem Schuh

Nachdem der Stich mit dem Schuh weitergeleitet wurde, folgt eine Aktion.

Hier linker Block und rechter Fauststoß

Üben Sie mit Geduld und Ehrgeiz, und seien Sie sich der Schwierigkeit einer solchen Situation bewußt, in die Sie gelangen können, wenn Sie jemand mit der Stichwaffe bedroht. Lassen Sie vor Ihrem geistigen Auge die »3 M« erscheinen, und wählen Sie den rechten Moment und die richtige Methode.
Denken Sie daran, daß Sie die Notwehr auf Ihrer Seite haben!

Gekonnt mit einer Stichwaffe umgehen

Es gibt bei Lehrern und Ausbildern unterschiedliche Meinungen, ob eine waffenlose Selbstverteidigung oder eine Selbstverteidigung mit Waffen gelehrt werden soll. Ich plädiere für eine Verteidigung auch mit Waffen.
Erlernen Sie, mit allen Stichwaffen vertraut zu werden und sie führen zu können, gekonnt führen zu können.
Im Moment Ihrer Not reicht Ihnen unter Umständen eine Verteidigung ohne Waffen nicht aus.
Greifen Sie in großer Not zu Ihrer Waffe, und handeln Sie hart und verantwortungsbewußt. Halten Sie sich an den Gesetzestext des Notwehrparagraphen, und seien Sie beherzt!

Die versteckte Waffe

Die Waffe ist fast vollständig durch die Hand verdeckt.

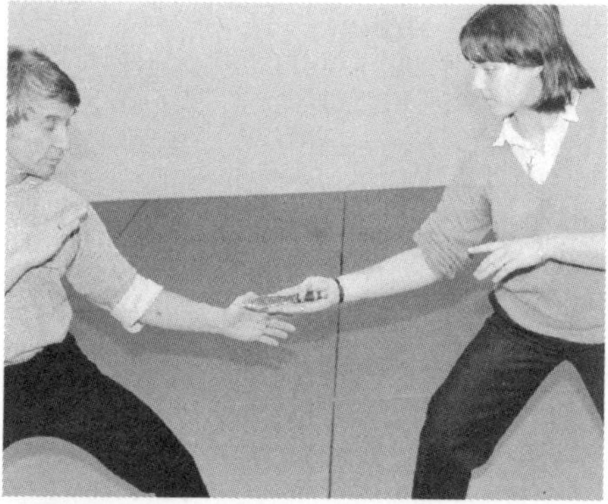

So liegt das Messer in der Hand.

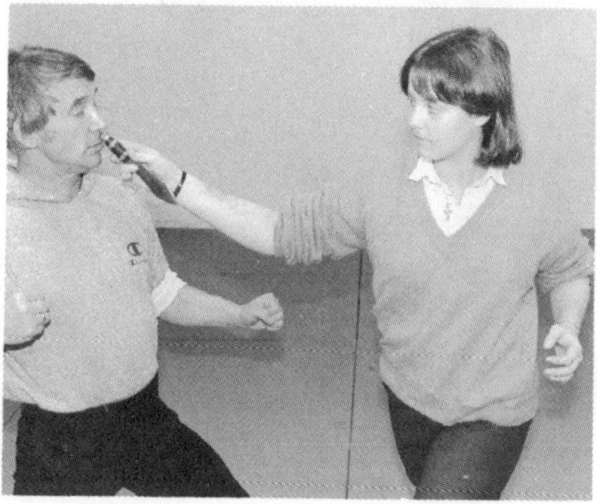

Das Messer als Stoßwaffe.

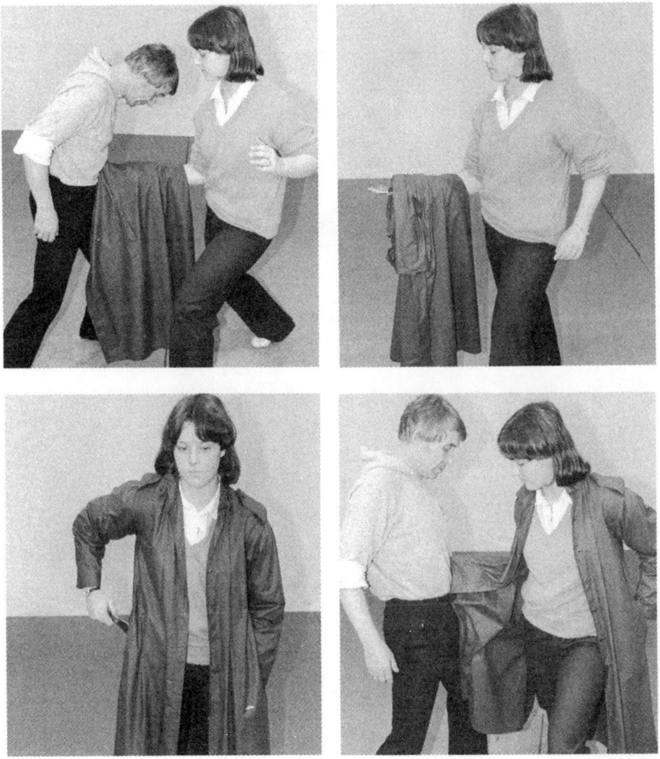

Die versteckte Waffe – Hilfsmittel Mantel. Das Messer ist aber jederzeit einsetzbar.

Angriffsziele mit dem Messer

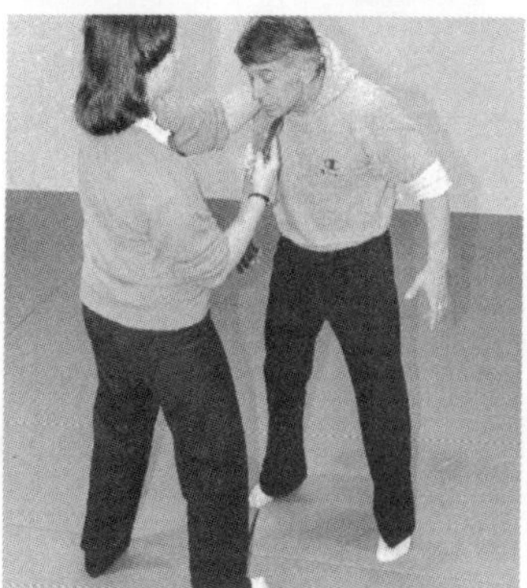

Gesonderte Techniken

In diesem Kapitel sollen Ihnen noch spezielle Abwehrtechniken gezeigt werden.
Aus dieser verschränkten und unauffälligen Grundhaltung sind Sie in der Lage, allen Angriffen entgegenzutreten.

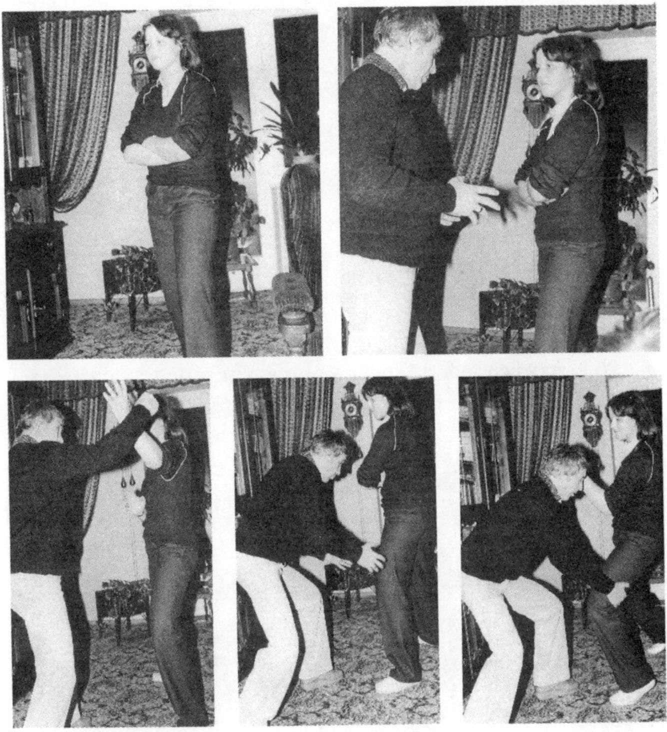

Der Angreifer greift den Arm

- Der Arm wird zum Körper gezogen, und es folgt ein Schlag.

- Der gehaltene Arm stößt, bei einem kleinen Schritt (seitlich links), in Richtung Erde. Der sich neigende Angreifer wird durch einen Schlag außer Gefecht gesetzt.

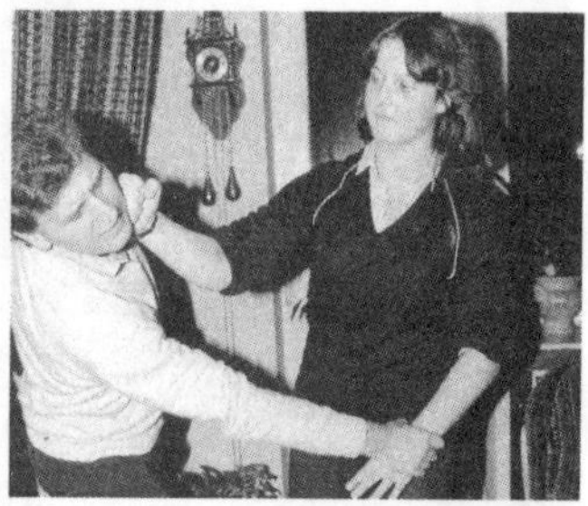

- So bietet sich jeder Armhalter für einen gezielten, blitzschnellen Tritt zum Unterkörper (wozu auch das Schienbein gehört) an.

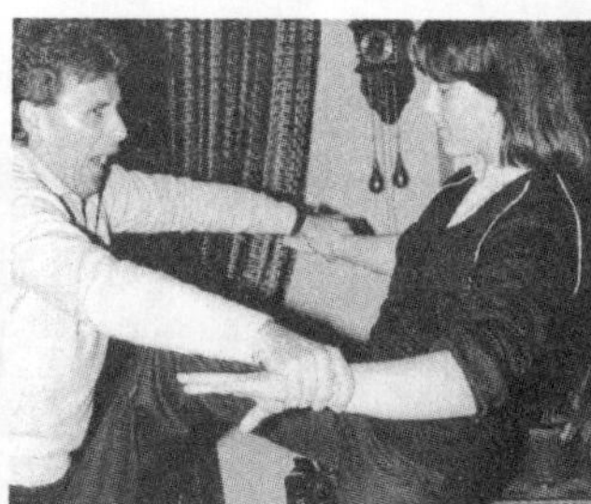

- Der kämmende Arm wird zur Stoßwaffe. Machen Sie sich in verschiedenen Situationen Ihrer Tätigkeiten oder auch aus Ruhepositionen heraus einmal Gedanken, wie Sie einen Angreifer »attackieren« können.

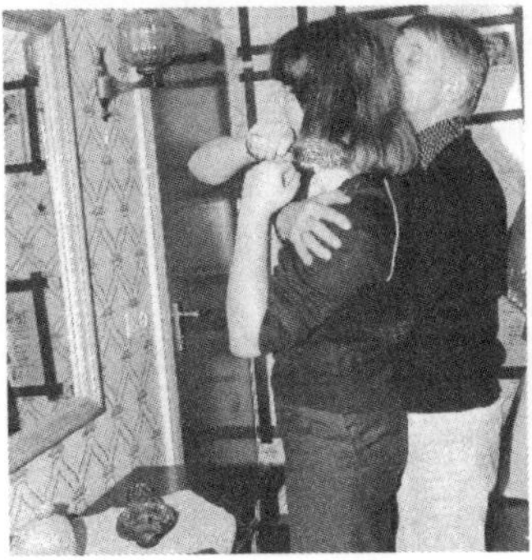

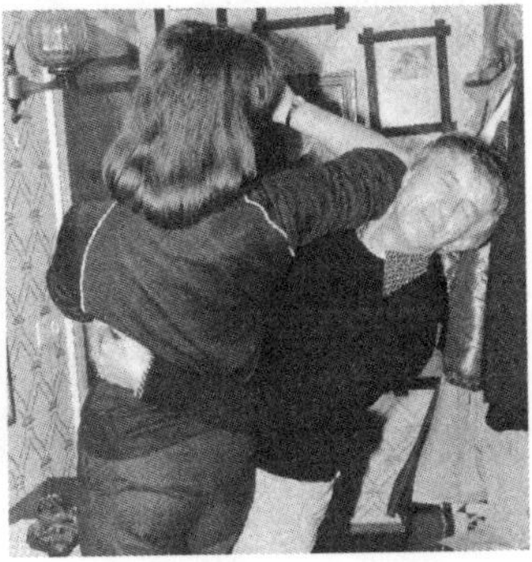

Abwehr gegen besonders schwere Angriffe

Wenn von besonders schweren Angriffen gesprochen wird, so sind vor allem besonders unglückliche Situationen eines Überfalls oder einer außerordentlichen Attacke gemeint.

Es ist nicht leicht, solchen schweren Momenten vorzugreifen. Sie müssen sich ernsthaft vorbereiten, um solchen Angriffen und Situationen gewachsen zu sein. Trainieren Sie mit Fleiß und Ausdauer. Üben Sie mit verbundenen Augen im Stand sowie am Boden. Binden Sie ein Tau, ein Band oder Ihren Schülergürtel um einen Baum oder an einen Haken irgendwo im Raum, im Keller oder sonstwo, und trainieren Sie Wurfansätze (siehe Seite 60 ff.) in präziser, ruhiger und später in schneller Form.

Lassen Sie jemanden mit lockeren Messer- oder Stockangriffen auf Sie zukommen, und versuchen Sie, Ihr Auge zu schulen. Binden Sie einen leichten Ball an einen Faden oder einen Gummi, und versuchen Sie den Ball immer wieder zu treffen.

Spielen Sie Bodenkampf, locker, nachgebend, angreifend wie kleine Raubkatzen, und laufen Sie, um Ihre Kondition zu stärken. Denn neben den figürlichen hat das Training auch gesundheitliche Vorteile.

Doch kommen wir wieder zu konkreten Situationen. Gesundes Mißtrauen ist vielfach eine Lebensversicherung!

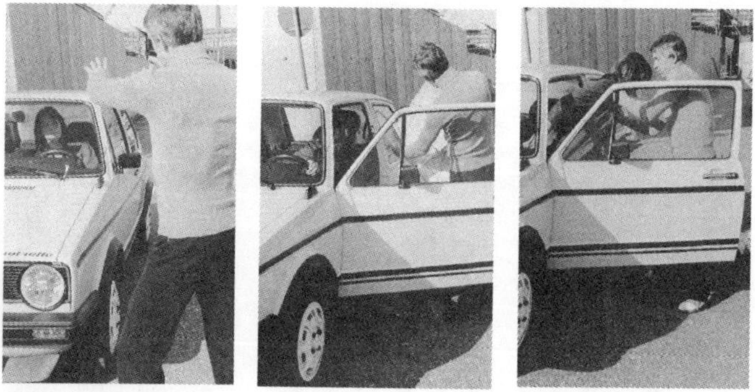

Ein Mann hält Sie an, um Sie nach dem Weg zu fragen. Plötzlich zerrt er Sie aus dem Wagen.

Lassen Sie in solchen Situationen Ihre Sinnc wach sein, und geben Sie keine Blößen, um nicht einem Überraschungsangriff zum Opfer zu fallen!

Sie setzen Ihr rechtes Bein hinter das rechte Bein des Angreifers. Es folgt ein rechter Handballenstoß unter dessen Kinn. Setzen Sie z. B. einen Fauststoß zum Gesicht nach.

Umklammerung von hinten

Lassen Sie tief und geschmeidig das rechte Bein zwischen die Beine des Angreifers nach hinten gleiten, um es weich und elastisch um das Bein zu winden. Die rechte Hand hält das umwundene Bein beim Fall. Danach folgt ein Stoß mit der Elle zum Kopf, zum Bauch, oder führen Sie andere schmerzende Angriffe.

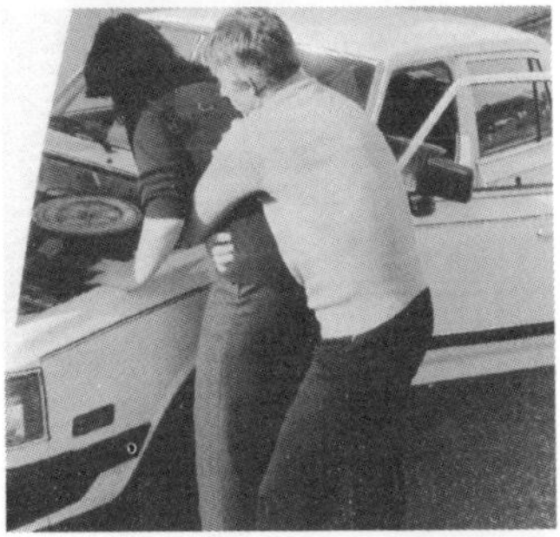

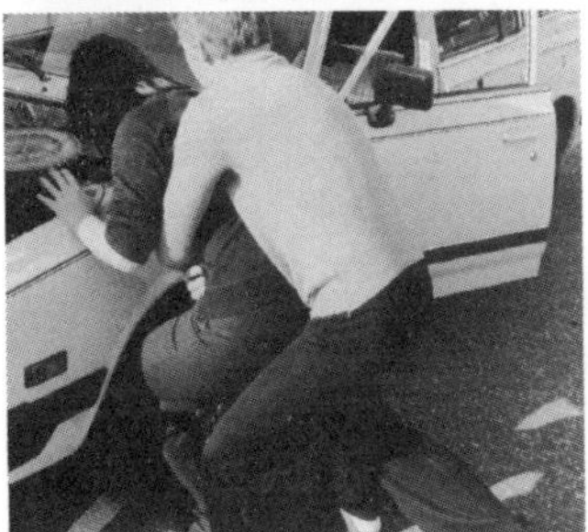

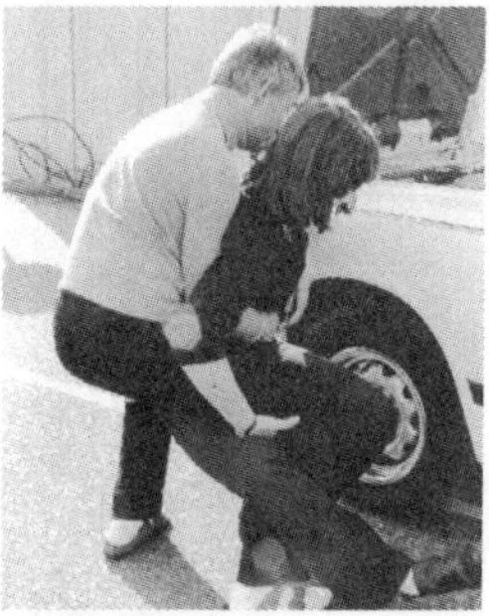
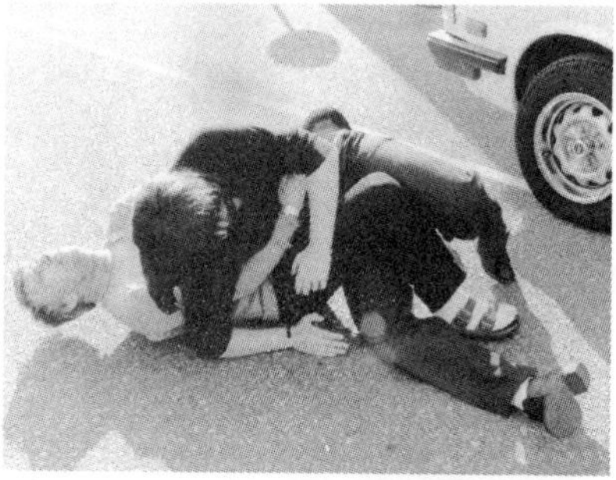

Bedrängung auf der Treppe

Der Arm des Gegners wird so weggedrückt, daß ein Hinausdrehen des Kopfes nicht verhindert werden kann. Durch Druck und Zug der Armbeugen wird der Gegner gegen die Treppe geschmettert.

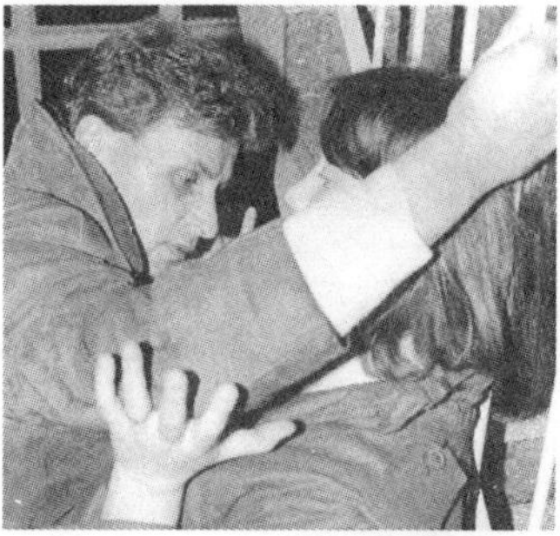
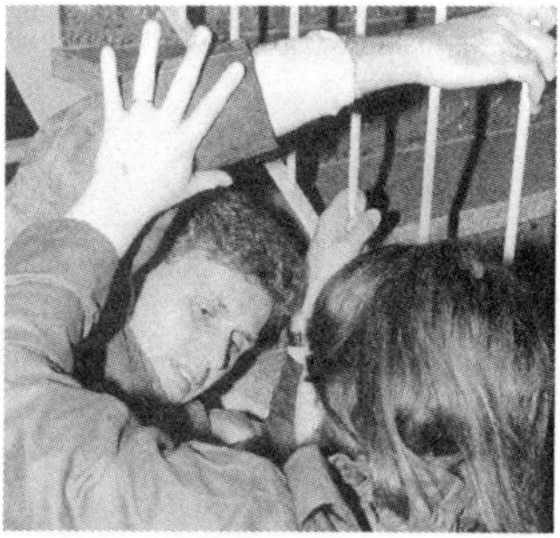
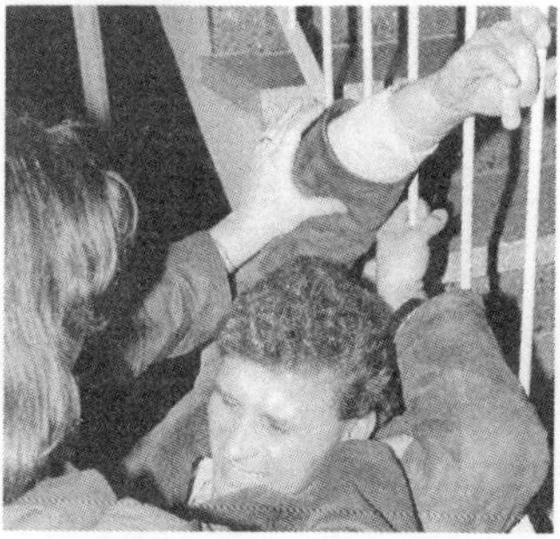

Hier eine lockere schnelle Außensichelabwehr (Einhaken) nach einem Würgeangriff von der Seite.

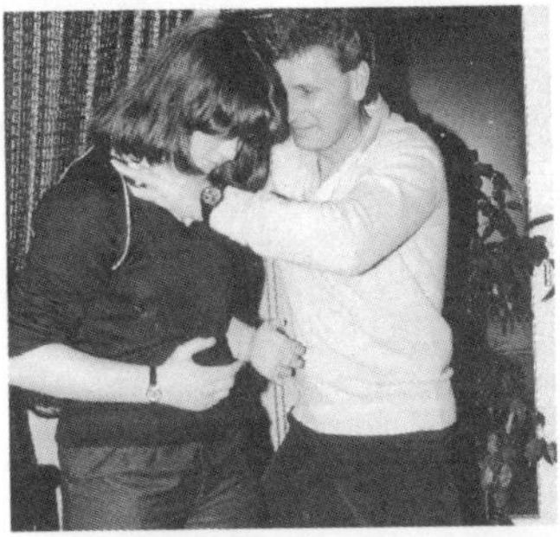

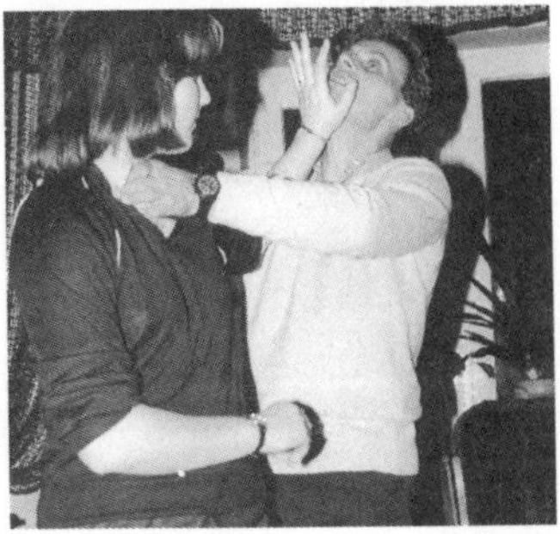

Dieser lehnenlose Sessel läßt diese schöne auswindende Technik zu.

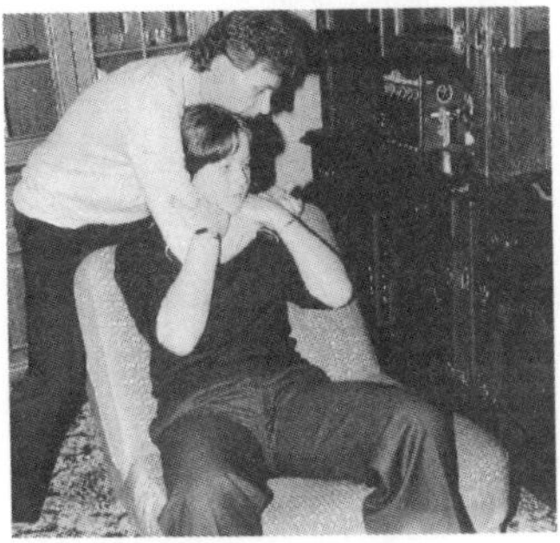

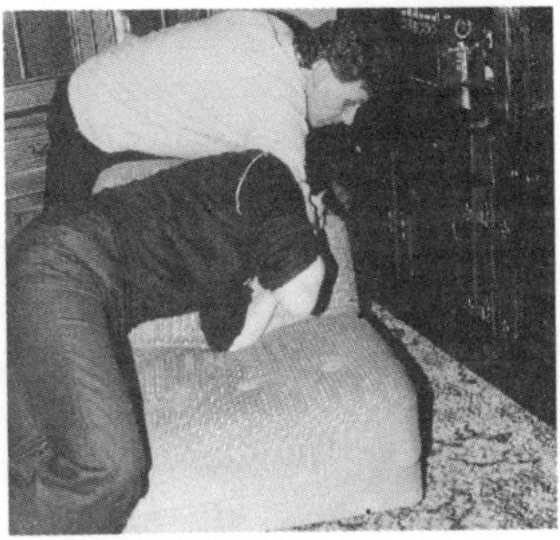

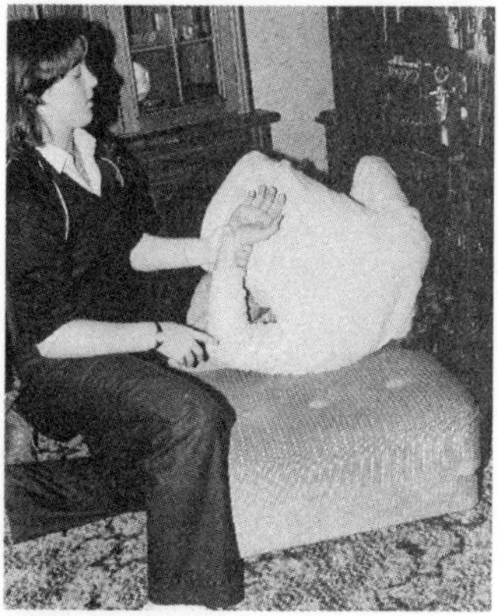

Zwei Angreifer

Die Situation, die Örtlichkeiten und der Angriff sind ständig verschieden. Hier helfen nur kurze, aber kraftvolle, schnelle Techniken. Der Hinterkopf wird ins Gesicht des »Hintermannes« gestoßen und das Knie zum »Vordermann«.

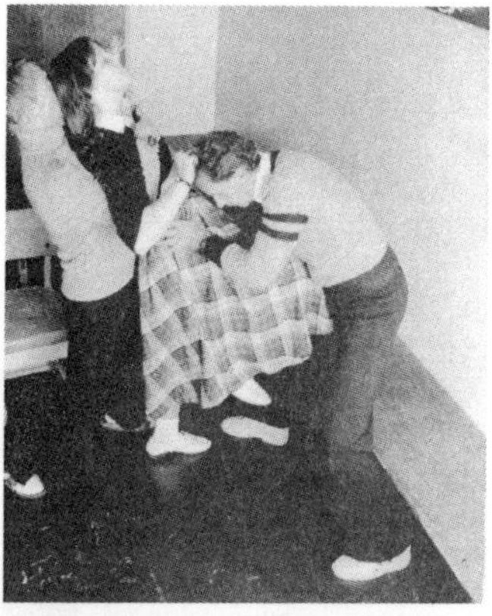

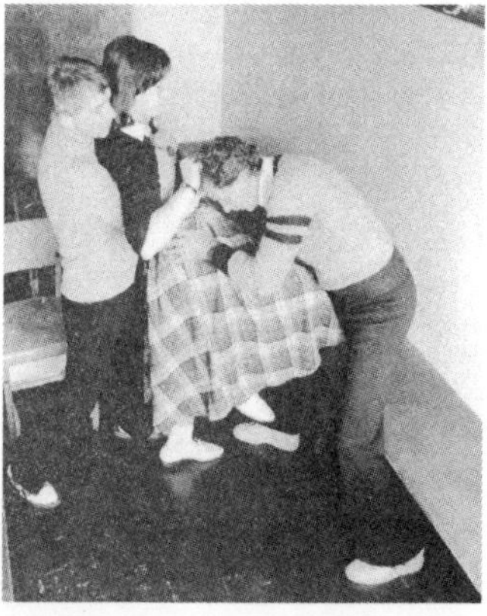

Hier ist Aktion zu sehen! Dieser Befreiungsangriff, aus einem Schwitzkasten von vorne, ist voll Kraft und Aktion. Das Bein und die Hand treffen gleichzeitig den vorderen Angreifer. Der gleiche

Schlagarm trifft nun mit der Elle den Kopf des hinteren Angreifers. Schnell angesetzt ist es ein erfolgreicher Konterangriff.

12 aus einer Hand

Hierbei handelt es sich um 12 verschiedene »Handformen«, die zur Abwehr »geformt« so zum Einsatz an den verschiedensten Körperstellen gebracht werden können.

Als Zeichen der Gewalt demonstriert sich die richtig geballte Faust. Sie ist nur dann richtig geformt, wenn der Daumen, als Bezwinger der anderen vier Finger, oben aufliegt. Die Faust kann überall am Kopf und Körper mit Erfolg angebracht werden.

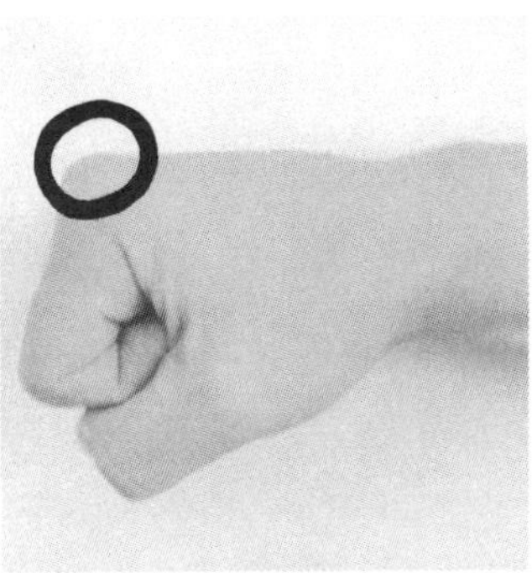

Die Hand ist geöffnet und wird nach unten abgeknickt. Das Handgelenk schiebt sich nach oben und ist klar zum Angriff. Sollten Sie einmal von zwei Gegnern – seitlich stehend – angegriffen werden, so ist diese Technik unauffällig aus der lockeren Stellung heraus anzubringen.

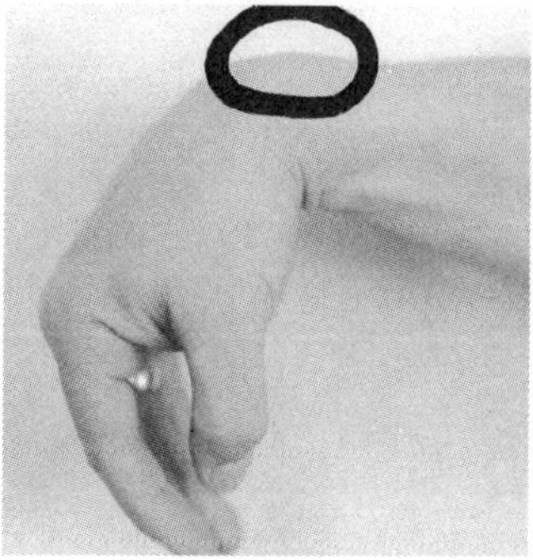

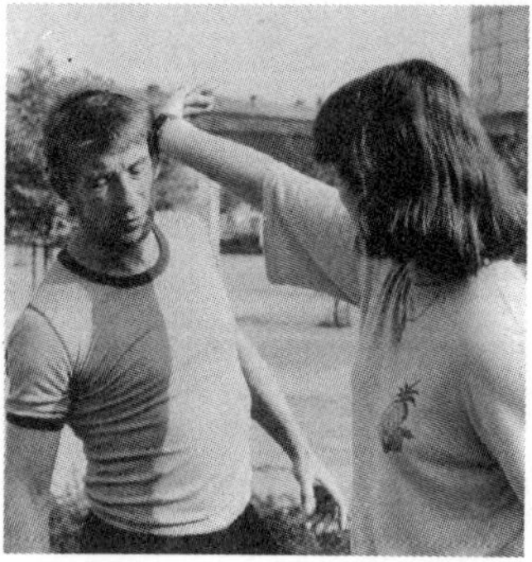

Als nächstes können die Finger bis zum 2. Glied eingeknickt werden, so wird eine stoßfeste Waffe geformt, die zum Kehlkopf oder zur Oberlippe geführt werden kann. Vorsicht! Beide Stöße sind lebensgefährlich. Am Kehlkopf kann es bei einem harten Stoß zum Zungenbeinbruch mit tödlichem Ausgang kommen, und an der Oberlippe können Lähmungserscheinungen hervorgerufen werden.

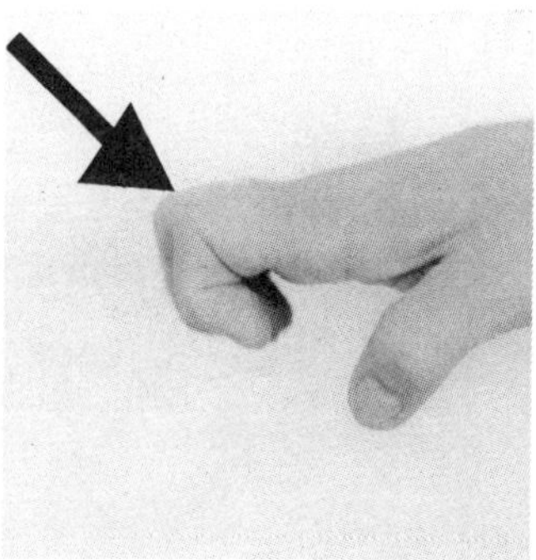

Betrachtet man die offene Handinnenfläche, so befindet sich die Handkante an der Innenseite. Mit dem unteren Teil der Kante, die dem Handgelenk nahe liegt, kann ebenfalls erfolgreich geschlagen werden. Schauen Sie sich die richtige Führung einer Handkante auf den Abbildungen an.

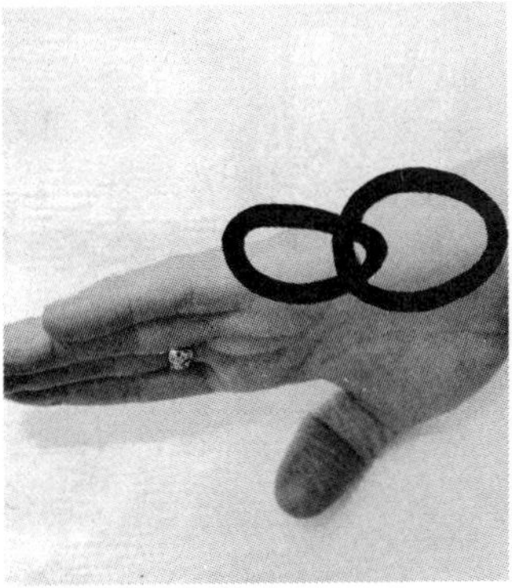

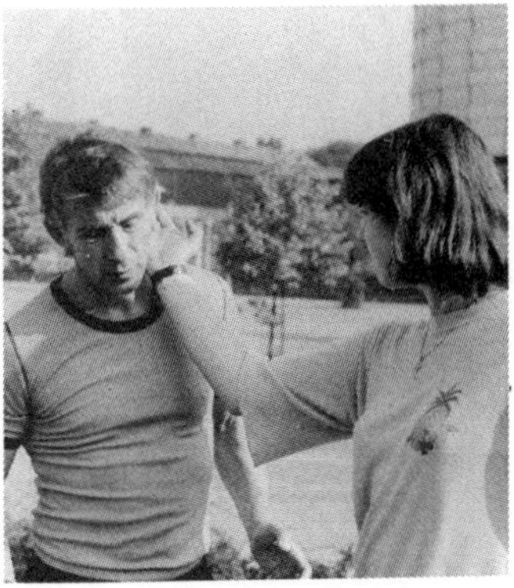

Wenn Sie den Daumen, wie abgebildet, nach innen legen, können Sie mit der geformten Daumenfläche zur Abwehr schlagen.

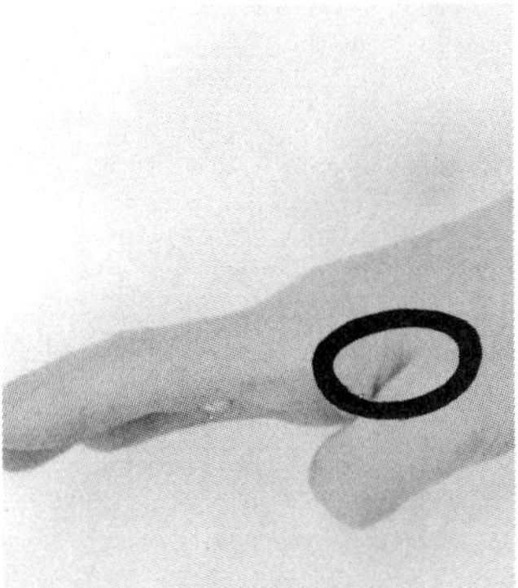

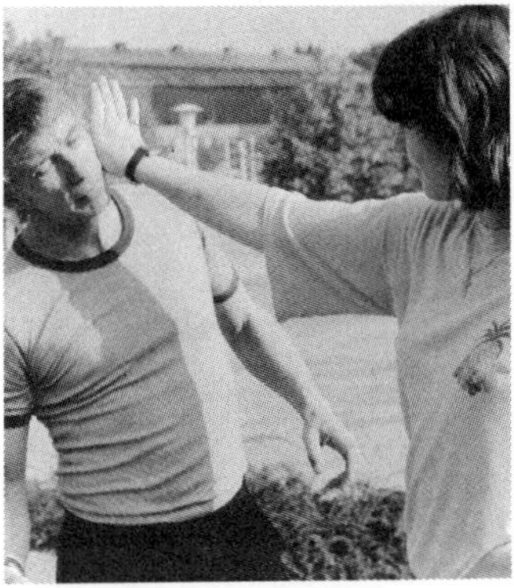

Eine sehr starke Schlagkraft entwickeln Sie mit der Handinnenfläche, die, wenn sie zum Kinn oder unter die Nase gestoßen wird, große Wirkung zeigt. Der Stoß unter die Nase ist gefährlich. Er kann das Nasenbein nach oben ins Gehirn treiben.

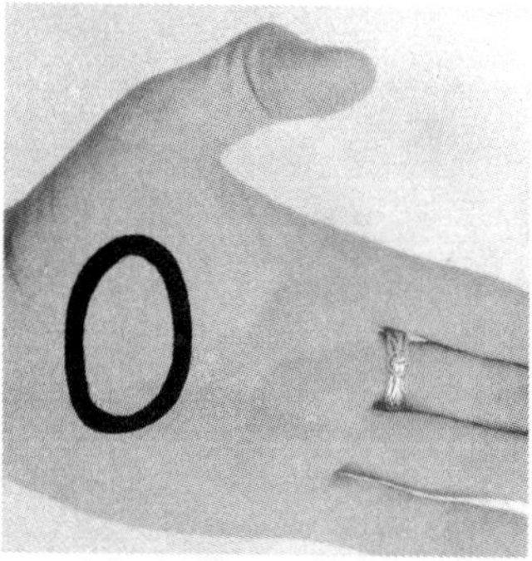

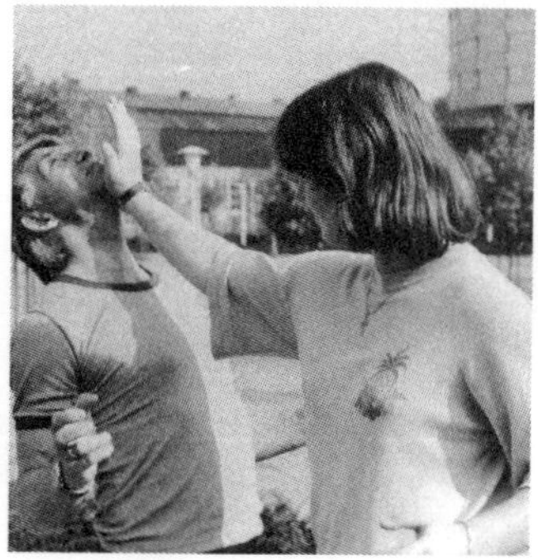

Die gestreckte Handspitze, auch Speerhand genannt, ist ebenfalls hervorragend zu gebrauchen, wenn sie zur Kehle geführt wird; oder Sie stoßen in andere weiche Körperstellen.

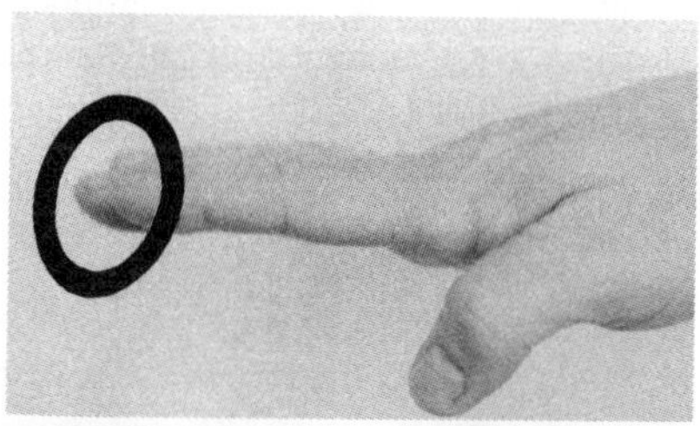

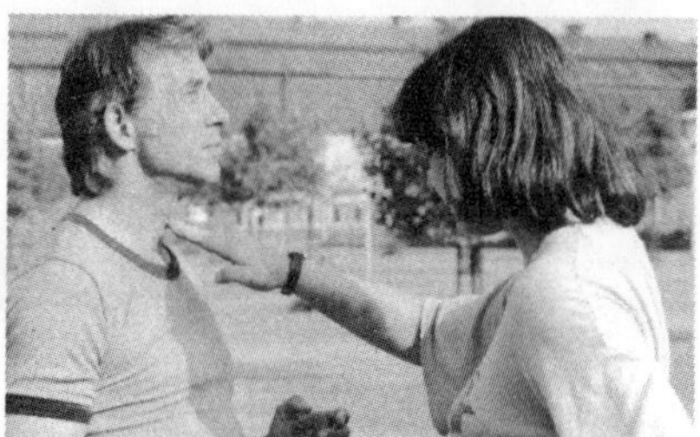

Die nächste Schlagkraft erreichen Sie mit der Faust, wenn der Mittelfingerknochen hervorgeschoben wird. Damit können Sie hart die Schläfe des Gegners treffen. Aber auch weitgehend andere Gesichtsteile.

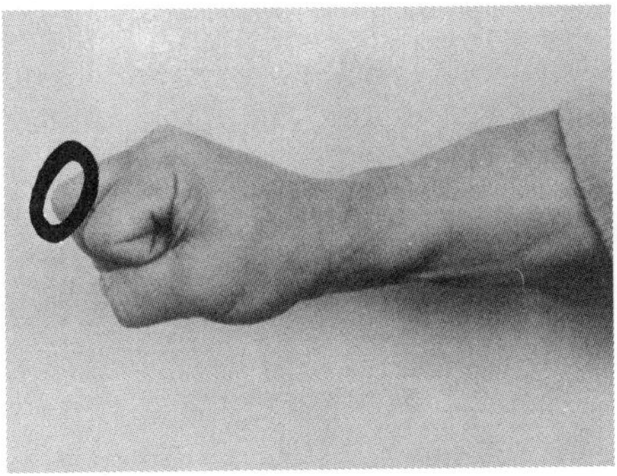

Die »Rückhand« oder auch der Handrücken erlaubt eine sehr schnelle Abwehrführung. Wenn Sie die Rückhand mit Schwung und Elan zum Kopf bringen, können Sie mit derselben Hand die Handkante auf dem »Rückweg« zum Hals oder Kopf bringen.

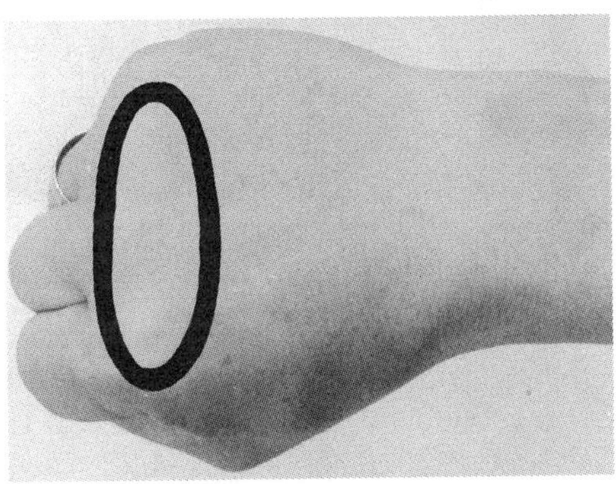

Aber auch der Hammerschlag ist in bestimmten Fällen gut anzuwenden.

Die Fingerstoßformen zum Auge unterteilen wir hier in Ein- und Zweifingerstöße. Beide Stöße sollen das Augenlicht nehmen. Es muß nicht besonders betont werden, daß auch hier nur in großer Gefahr davon Gebrauch gemacht werden soll.

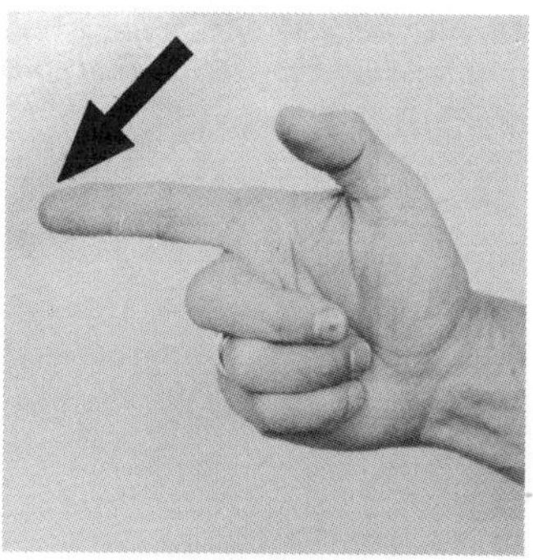

Der Ipponstich

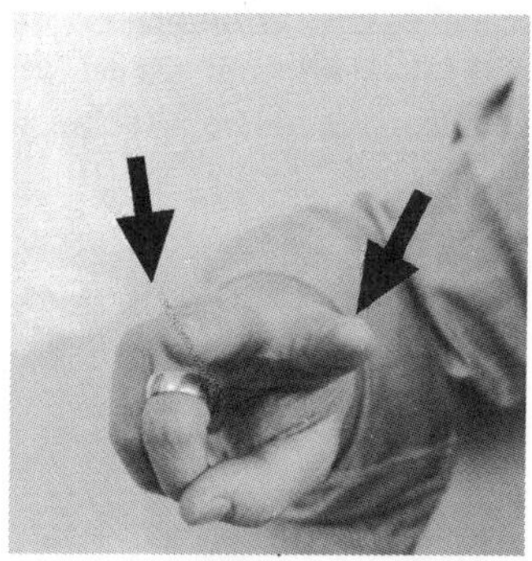

Der Florettstich

Üben Sie diese 12 Handtechniken in spielerischer Form immer wieder. Auch bei den Trittechniken muß man verschiedene Feinheiten berücksichtigen. Diese Techniken sind gesondert in dem Kapitel »Fuß- und Beintechniken« behandelt.

Der Kiai

Kiai ist ein Wort aus dem japanischen Wortschatz und wird mit der Ballung aller Energie, die durch einen Schrei frei wird, gedeutet.
Jede Raubkatze faucht vor und während des Angriffes. Sie stößt während des Tatzenhiebes die Luft durch ein gefährliches Fauchen aus.
Vor dem Angriff sollten auch Sie einen heiseren Schrei ausstoßen, um sich selbst Mut zu machen und um Ihre gespannten, konzentrierten Nerven zu entlasten. Schreien Sie nicht mit einem Brustton, sondern mit einem Halston. Der Schrei muß nicht Kiai lauten und kann ein Ton sein, der individuell nur Ihnen zugeschrieben ist, so z. B tsui, isch usw.
Ebenfalls kann man mit diesem Kiai einen oder mehrere Gegner momentan verwirren, um einen kraftvollen Angriff einzuleiten. Der Gegner erschrickt und gibt sich eine Blöße.
Es ist schwer, einen rechten individuellen Schrei zu finden. Zu Anfang haben Frauen meist Skrupel, einfach in dieser Form ihren Atem auszustoßen. Doch immer wiederholtes Schreitraining überwindet die innerliche Sperre, macht frei und unbekümmert und gibt Mut.
Mut sollten Sie wie einen Ausweis ständig zur Hand haben. Atmen Sie im Falle einer gefährlichen Situation tief und kräftig ein, halten Sie den Atem einen Moment an, und stoßen Sie ihn durch den Mund aus! Der zweite Atemzug wird Ihnen den Mut und die Kraft zum Handeln schenken. Wählen Sie den Moment, und schreien Sie vor und während des Angriffs – Sie haben alle Vorteile! Seien Sie kraftvoll!

Selbstverteidigung und Notwehr

Von
Reinhard Szymkowiak
Staatsanwalt

Selbstverteidigung und Notwehr – das sind zwei Begriffe, die im Sprachgebrauch von Judosportlern unterschieden werden. Selbstverteidigung ist das, was auf der Matte gelehrt, gelernt und geübt wird, wie beispielsweise Jiu-Jitsu. Selbstverteidigung, darunter werden all die Griffe und Kniffe verstanden, die zusammen eine bestimmte Verteidigungssportart bilden.

Notwehr dagegen ist die Anwendung eines bestimmten erlernten, kleinen Ausschnittes der Selbstverteidigung auf eine konkrete Situation; also eine Selbstverteidigungstechnik, mit der ein Angriff abgewehrt wird.

Sind diese beiden Begriffe wirklich so zu unterscheiden?

Meinen sie nicht im Grunde ein- und dasselbe?

Kann man den einen nicht durch den anderen ersetzen?

Im Prinzip ja! Notwehr ist vom Wortsinn her nichts anderes als Selbstverteidigung. Wenn ich mich – in Not (Bedrängnis) geraten – wehre, so tue ich doch nichts anderes, als mich selbst zu verteidigen.

Zur vollständigen Information wird Ihnen im folgenden Abschnitt der Text und die sachliche Auslegung des Notwehrparagraphen von meinem Schüler Reinhard Szymkowiak (Staatsanwalt) dargestellt, der mir diese fachliche Auslegung zur Verfügung gestellt hat.

»Notwehr ist die Verteidigung, die erforderlich ist, um einen gegenwärtigen rechtswidrigen Angriff von sich oder einem anderen abzuwenden.«

(§ 32 Abs. 2 StGB in der Fassung vom 2. Januar 1975)

Demnach ist Notwehr in der Tat eine (Selbst-)Verteidigung. Also

erlernen wir auf der Matte im Grunde genommen die Fähigkeit, besser als andere Notwehr ausüben zu können.
Wer sich besser verteidigen kann als der Laie, muß auch besser über Umfang und Grenzen des Notwehrrechts informiert sein.
Dies ist allen Lehrmeistern klar. Nicht umsonst wird während der Ausbildung auf den »Notwehrparagraphen« hingewiesen, ja er wird sogar von dem Schüler auswendig gelernt. Dies hat einen guten Grund. Dem Schüler soll klargemacht werden, daß ihn in bestimmten Lebenssituationen überhaupt ein Notwehrrecht zur Seite steht. Er soll aber auch lernen, wie weit er in der konkreten Situation gehen darf. Genau hier beginnt die eigentliche Schwierigkeit.
Die gesetzliche Definition wird eingepaukt, ohne daß in den meisten Fällen der Sinn klar wird. Das wird immer dann ganz besonders deutlich, wenn bei Prüfungen Notwehr oder Nothilfe demonstriert werden soll. Gegen einen harmlosen Griff, z. B. an ein Handgelenk, wird oftmals mit Vehemenz ein Gegenangriff gesetzt, daß dem Angreifer buchstäblich Hören und Sehen vergeht. Im Ernstfall würden die Abwehrtechniken beim Angreifer erhebliche Verletzungen hervorrufen können.
Bei klarer Überlegung wird sich jeder Vernünftige sagen: So weit kann doch Notwehr nicht gehen, angesichts des harmlosen Angriffs. Wenn der Angreifer dagegen mit einem Messer attackiert hätte, das wäre schon etwas anderes gewesen. Hier darf schon eher ein Arm zu Bruch gehen. Man sieht, daß zwischen Angriff und Abwehr immer eine Relation bestehen muß. Dies gilt grundsätzlich für jeden, viel strenger jedoch für den, der die Selbstverteidigung beherrscht.
Zurück zum Notwehrbegriff.
§ 32 Abs. 1 StGB hat folgenden Wortlaut: »Wer eine Tat begeht, die durch Notwehr geboten ist, handelt nicht rechtswidrig.« (In Abs. 2 folgt dann die oben zitierte Definition). Dieser Satz erweckt Verwunderung: Wieso wird eine Tat begangen? Ist etwa eine Straftat gemeint, die ich in Notwehr begehe?
Dies ist genau der Fall. Deutlich wird dies am Beispiel der Körperverletzung, die auch den Budosportler besonders interessiert und angeht.

Körperverletzung ist bekanntlich eine mit Strafe bedrohte Handlung (§§ 223 ff.). Man darf sich nicht dem Trugschluß hingeben, Körperverletzung sei erst dann gegeben, wenn der Körper sichtbar verletzt ist, wenn das Blut fließt oder Knochen brechen. Körperverletzung ist schon jede Beeinträchtigung des körperlichen Wohlbefindens. Das Auszupfen eines Haares oder bloßes Kneifen ist Körperverletzung und berechtigt grundsätzlich zur Notwehr.

Wer sich wehrt, führt aber zwangsläufig seinerseits einen Angriff auf den Angreifer aus. Dieser ist dem Tatbestand nach wiederum eine Körperverletzung, also im Grunde genommen eine strafbare Handlung. Diese Handlung – hier wird der Wortlaut des § 32 Abs. 1 StGB klar – ist aber nicht rechtswidrig, also nicht strafbar, wenn sie unter dem Gesichtspunkt der Notwehr begangen wurde.

Im einzelnen:

- Notwehr setzt zunächst einen *Angriff* voraus. Dies versteht sich von selbst und leuchtet ein. Natürlich muß sich ein Angriff nicht unbedingt immer auf den Körper eines Menschen beziehen; der Angriff kann gegen jedes Rechtsgut erfolgen. Der sich der Aktentasche bemächtigende Dieb begeht einen Angriff auf das Eigentum. Hiergegen ist Notwehr zulässig. Beschimpfungen sind ein Angriff auf die Ehre.

  Sogar die sogenannte Intimsphäre ist nach höchstrichterlicher Entscheidung wehrfähig. Wer sich an eine Parkbank heranschleicht, um das Liebesgeflüster eines Pärchens zu belauschen, nimmt einen Angriff auf die Intimsphäre vor. Auch hier besteht grundsätzlich Notwehrrecht. Der Lauscher kann – auch mit etwas Nachdruck – zum Weitergehen bewegt werden.

  Diese Entscheidung zeigt nebenbei ganz deutlich, daß von niemandem erwartet wird, sich einem Angriff zu entziehen oder nachzugeben, wenn dies auch noch so einfach wäre. Unserem Pärchen wäre es ein Leichtes, von sich aus weiterzugehen oder eine andere Bank zu suchen. Die Mehrzahl wird diesen Weg sicher wählen, aber hierzu besteht ausdrücklich keine Verpflichtung. Es wird von niemandem erwartet, daß er sich eines Angriffs durch Flucht entzieht, denn Flucht hat allgemein den Beigeschmack der Feigheit oder Unehrenhaftigkeit.

- Der Angriff muß *gegenwärtig* sein. Das ist wörtlich zu verstehen. Der Angriff muß unmittelbar stattfinden. Er darf keineswegs zurückliegen. Die Grenze ist sogar sehr scharf zu ziehen. Jemand, der einen anderen plötzlich und überraschend schlägt und sich danach sofort wieder rein passiv verhält, begeht zu dem Zeitpunkt, wo der andere sich von der Überraschung erholt und zurückschlagen will, keinen gegenwärtigen Angriff mehr. Das klingt vielleicht unbefriedigend, ist aber nur konsequent.
  Andererseits ist der Angriff des Diebes, der mit der gestohlenen Tasche davonläuft, solange gegenwärtig, wie er sie nicht endgültig in Sicherheit bringt. Der Bestohlene darf ihm also nachsetzen und ihm die Tasche gewaltsam wieder abnehmen.
- Der Angriff muß *rechtswidrig* sein. Ein rechtmäßiger Angriff berechtigt niemals zur Notwehr. Unser Dieb, dem die gestohlene Tasche unter Gewaltanwendung wieder entrissen wird, hat seinerseits kein Notwehrrecht, da er nicht Zielscheibe eines rechtswidrigen Angriffs ist. Der Gesetzesbrecher darf sich bei der Verhaftung durch die Polizei nicht wehren. Der Friseur, der die Haare stutzt oder der Zahnarzt, der den kranken Zahn zieht, begehen beide eine Körperverletzung im Sinne des Gesetzes. Ihr Angriff ist aber rechtmäßig, denn jeder, der sich freiwillig auf den Behandlungsstuhl setzt, gibt zu verstehen, daß er in die Verletzung einwilligt, ja sie sogar wünscht.
  Ebenso ist es im Sport. Der Karatekämpfer im Freikampf willigt im allgemeinen von vornherein darin ein, von seinem Gegner gelegentlich getroffen zu werden. Die gegenseitigen Angriffe unterliegen gegenseitigem Einverständnis und sind nicht rechtswidrig. Diese Einwilligung umfaßt natürlich nur die Grenzen des sportlich-fairen Kampfes. Etwas anderes gilt, wenn ein Partner plötzlich aus irgendwelchen Gründen Ernst

macht und darauf aus ist, den anderen niederzuschlagen. Hier werden Angriffe rechtswidrig.

- Es darf nur eine solche Verteidigung gewählt werden, die auch *erforderlich* ist. Hier liegen die eigentlichen Schwierigkeiten. Die Abwehr darf sich grundsätzlich am Angriff messen, damit der Angriff gebrochen wird, da das Recht nicht dem Unrecht zu weichen braucht. Dabei ist unter mehreren wirksamen Mitteln das mildeste, das am wenigsten schädliche oder gefährliche zu wählen. Hier wird in der Regel zuviel des Guten getan. Hier muß der Lehrmeister den Hebel ansetzen und dem Schüler klar machen, wie weit die Verteidigung – bezogen auf den jeweiligen Angriff – gehen darf.

Feste Regeln zum Auswendiglernen lassen sich natürlich nicht aufstellen. Der Schüler muß aber immer wieder angeregt werden, über die Erforderlichkeit seines Abwehrmittels nachzudenken. Wer mit einer gefährlichen Waffe droht, ist in jedem Fall unschädlich, d. h. kampfunfähig zu machen. Hier ist unter Umständen auch eine schwerere Verletzung des Angreifers notwendig oder gar erforderlich, um weitere Angriffe zu unterbinden.

Wer sich mit gleicher Vehemenz gegen den zur Wehr setzt, der nur Jacke oder Handgelenk faßt, tut mehr als das Erforderliche. Gerade bei der Erforderlichkeit des Abwehrmittels zeigt sich deutlich ein Unterschied zwischen dem in Selbstverteidigung Ausgebildeten und dem Laien. Es gilt nämlich ganz allgemein der Grundsatz, daß der Angegriffene das Abwehrmittel wählen kann, das mit *Gewißheit* sofortige und endgültige Beseitigung der Gefahr erwarten läßt. Er ist nicht genötigt, auf die Anwendung weniger gefährlicher Verteidigungsmittel zurückzugreifen, wenn die Wirkung für die Abwehr zweifelhaft ist.

Dieser Grundsatz hat selbstverständlich für jeden Geltung. Nur ist der Jiu-Fachmann – anders als der Laie – sehr wohl in der Lage, dasjenige Abwehrmittel auszuwählen, das zum einen im gesunden Verhältnis zum Angriff steht, zum anderen aber auch mit Gewißheit den Angriff beenden kann.

Der Laie, der sich einem zwar unbewaffneten, aber ihm körperlich überlegenen Angreifer gegenübersieht, braucht sich nicht auf seine bloßen Hände zu verlassen und somit ein unwägbares Risiko einzugehen, sondern er darf zu einer Waffe greifen, um sich zu wehren. So darf er notfalls sogar von der Schußwaffe Gebrauch machen.

Die Zulässigkeit einer derartigen Abwehr dürfte beim Jiuka schon sehr zweifelhaft sein, denn er hat es schließlich gelernt, sich auch solcher Leute zu erwehren, die kräftiger sind als er selbst.

Eines muß also ganz deutlich herausgestellt werden: Es ist ein Unterschied, ob sich ein Jiuka oder ein mit den Selbstverteidigungskünsten nicht Vertrauter auf Notwehr beruft. Hier wird mit zweierlei Maß gemessen, und die Gerichte tun das auch richtigerweise.

Dies zeigt sich auch deutlich an der Vorschrift des § 33 StGB, die demjenigen, der die Notwehr überschritten hat, eine goldene Brücke baut. Die Vorschrift lautet: »Überschreitet der Täter die Grenze der Notwehr aus Verwirrung, Furcht oder Schrecken, so wird er nicht bestraft.«

Nun ist es sicher nicht ausgeschlossen, daß auch jemand, der in der Selbstverteidigung bewandert ist, in Panik gerät. Nur wird er es hinterher viel schwieriger haben, das ,glaubhaft zu machen; man nimmt von ihn an, er müsse aufgrund seiner Ausbildung in der Lage sein, einen kühlen Kopf zu bewahren.

Anhand des Beispiels mit dem Pärchen und der Parkbank wurde oben der Grundsatz angesprochen, daß niemand verpflichtet ist, einem Angriff durch Flucht auszuweichen. Auch hier gilt wie so oft der Satz: Keine Regel ohne Ausnahme.

Es gibt Fälle, in denen eine Verpflichtung besteht, einem Angriff auszuweichen, weil hier eine Flucht *nicht* als unehrenhaft angesehen wird. Darunter sind Angriffe von erkennbar Betrunkenen, von Kindern oder Geisteskranken zu sehen. Hierzu zählen alle Bagatellangriffe, die nichts weiter sind als ungehöriges Verhalten oder Unfug.

Ganz selbstverständlich ist, und es bedarf daher keiner weiteren Erörterung, daß sich derjenige nicht auf Notwehr berufen kann, der den Angriff provoziert hat.

Für die »Nothilfe«, bei der man nicht sich selbst, sondern einen Dritten verteidigt, ihm zu Hilfe kommt, gelten ebenso die aufgezeigten Grundsätze.

Nachruf

Hans-Gerd Niederstein, der sich trotz seiner erlangten Reife und Erfahrung durch Bescheidenheit, Herzlichkeit und große Hilfsbereitschaft auszeichnete, verstarb am 12. 11. 1985 im Alter von nur 57 Jahren.

Er verstand es, nicht nur im sportlichen Bereich Menschen zu faszinieren. Sein großes Einfühlungsvermögen und sein Sinn für Gerechtigkeit kommt in besonderem Maße in diesem Buch zum Tragen.

Hardy Krüger

Wir bedanken uns bei Herrn Jens Gottschalk für die unermüdlichen Bemühungen, die ein Erscheinen dieses Buches, auch nach dem Tode von Herrn Niederstein, ermöglichten.

Adressen

Sollten Sie persönliche Probleme oder Fragen haben, so ist es unser Bestreben, Ihnen vertrauensvoll weiterzuhelfen.
Wenden Sie sich bitte an:

- Dachverband für Budotechniken
  Nordrhein-Westfalen e. V.
  Friedrich-Alfred-Straße 25
  4100 Duisburg
  Tel. (02 03) 73 81 01
- Deutscher Jiu-Jitsu Bund e. V.
- Eine Vertrauensperson von Herrn H. G. Niederstein

Bei den beiden letztgenannten Ansprechpartnern unterstützt Sie der Verlag, indem er Ihre Post den entsprechenden Personen weiterleitet.
ECON Taschenbuch Verlag GmbH
Kaiserswerther Straße 282
4000 Düsseldorf 30

Autogenes Training zum Wohl der Gesundheit.

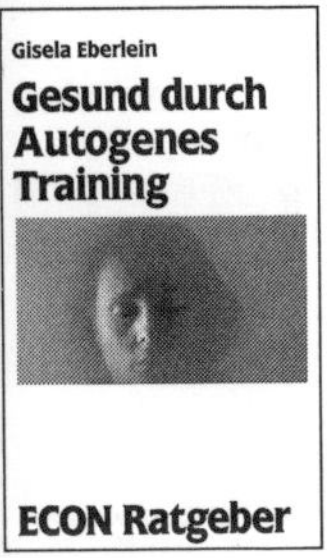

Eberlein, Gisela
Gesund durch Autogenes Training
132 Seiten
6 Zeichnungen
7,80 DM
ISBN 3-612-20141-7
ETB 20141

Das Buch
Alltagsstreß, nervöse Störungen an Herz, Kreislauf, Magen und Darm können durch Autogenes Training behoben werden.
Auch bei Schlafstörungen, depressiven Verstimmungen und Angstzuständen hilft Autogenes Training.
Die Autorin zeigt anhand von eindrucksvollen Beispielen aus ihrer Praxis, welche Erfolge sie mit Autogenem Training erzielte, und sie gibt konkrete Anleitungen, wie das Autogene Training von jedermann angewandt werden kann.
Dies ist ein Ratgeber für alle, die sich geistig und körperlich fit halten wollen.

Die Autorin
Dr. med. Gisela Eberlein unterrichtet in eigener Praxis Autogenes Training und leitet außerdem Kurse und Seminare an einer Volkshochschule sowie in Arbeitsgemeinschaften.

Die Wechseljahre: Keine Krankheit, sondern eine Lebensstufe.

van Keep, Pieter A./
Jaszmann, Laszlo
Die Wechseljahre der Frau
139 Seiten
6 Zeichnungen
6,80 DM
ISBN 3-612-20013-5
ETB 20013

Das Buch
Der Übergang von der fruchtbaren in die nächste Lebensperiode ist für Körper und Psyche der Frau mit einschneidenden Veränderungen verbunden. Neben den rein hormonellen Umstellungen des Körpers und Nebenerscheinungen, wie Hitzewallungen, verbunden mit akuten Schweißausbrüchen, Schilddrüsenstörungen, rheumatischen Gelenkveränderungen, hat die Frau häufig mit psychischen Beschwerden, wie Depressionen und starken Schwankungen im Gefühlsleben, zu kämpfen. Dieses Buch zeigt, wie jede Frau diese Beschwerden erfolgreich durch die bewußte Auseinandersetzung mit dieser Lebensphase angehen kann.

Die Autoren
P. A. van Keep und L. Jaszmann, Gynäkologen, haben in diesem Buch wissenschaftlich fundierte Erfahrungen aus der klinischen Arbeit mit Frauen im Klimakterium zusammengestellt.

Sich selbst massieren – kein Problem.

Stadtlaender, Chris
Selbstmassage
– Gesund und schön durch eigene Kraft –
Originalausgabe
160 Seiten
29 Zeichnungen
8,80 DM
ISBN 3-612-20067-4
ETB 20067

Das Buch
Schon die alten Griechen und Römer wußten um den gesundheits- und schönheitsfördernden Wert der Massage, der bis heute feststeht. Massagen sind teuer, auf Krankenschein kann man sich nur bei Krankheit und bei degenerativen Leiden massieren lassen. Um gesund und schön zu bleiben, kann man sich aber auch selbst massieren, wie, das zeigt die Autorin. Nach einer Einführung in die Geschichte der Massage, einer Erläuterung der Heil-, Sport- und Schönheitsmassagen, der Vorsichtsmaßnahmen bei Schmerzen, Entzündungen und Krampfadern beschreibt sie, wie man sich von Kopf bis Fuß selbst massieren kann, welche Griffe man kennen muß und welche selbst hergestellten Kräuteröle man verwenden kann.

Die Autorin
Chris Stadtlaender ist Fachjournalistin für Medizin und Kosmetik. Sie lebt in Wien.

Box dich fit!

Dunkel, C./Schulz, H.
Boxgymnastik für Frauen
Das neue Fitneßprogramm für den ganzen Körper
Originalausgabe
112 Seiten, 102 Fotos
8,80 DM
ISBN 3-612-20149-2
ETB 20149

Das Buch
Bei dieser neuen Gymnastikart kämpfen nicht Frauen gegen Frauen, sondern es ist eine Sportart, die den Körper besser trainiert als Aerobic und Jogging zusammen. Es ist außerdem ein Anti-Aggressions-Programm, das Streß und Ärger abbaut. Die Autorin beschreibt, welche Geräte und Kleidung benötigt werden, wie hoch der finanzielle Aufwand ist und gibt in ausführlichen Schritt-für-Schritt-Übungen zahlreiche Hinweise für richtiges Training, damit die ideale Figur erreicht werden kann.

Die Autorin
Cornelia Dunkel ist seit vielen Jahren Gymnastik- und Sportlehrerin und hat das Box-Training in ihr Lehrprogramm aufgenommen.

Erste Hilfe für Kinder.

Diagram
Soforthilfe für mein Kind
Bei Unfällen und Krankheiten
128 Seiten
200 Zeichnungen
7,80 DM
ISBN 3-612-20115-8
ETB 20115

Das Buch
Wie wäscht man eine Wunde aus? Wie behandelt man Verbrennungen? Wie wird ein Finger verbunden? Was macht man bei Knochenbrüchen?
Wie entfernt man einen Splitter? Was gehört in den Erste-Hilfe-Schrank? Was macht man bei Hautinfektionen?
Auf diese und viele andere Fragen gibt das Buch klare Antworten, erklärt durch über 200 Zeichnungen. Es sagt den Eltern, wie sie sich bei Kinderkrankheiten und anderen kindlichen Problemen verhalten sollen, bei Blinddarmreizung und Ohrinfektionen, bei Schock und in vielen anderen Fällen.
Dieses Buch wurde in Zusammenarbeit mit dem Deutschen Roten Kreuz erstellt und ist Begleitbuch in einer ZDF-Fernsehreihe.

Mehr Spaß am Lernen – Mehr Zeit zum Spielen.

Beyer, Günther
So lernen Schüler leichter
– Gedächtnis- und Konzentrationstraining –
128 Seiten, 92 Zeichnungen, 49 Übungen
6,80 DM
ISBN 3-612-20001-1
ETB 20001

Das Buch
Mangelhafte Konzentrationsfähigkeit und schlechtes Gedächtnis sind oft die Ursachen für ungenügende Leistungen in der Schule. Dieses Buch schafft Abhilfe: Kinder zwischen 8 und 15 Jahren erfahren, wie sie mit einfachen Lerntechniken ihr Gedächtnis schulen und ihre Konzentrationsfähigkeit erhöhen können, um besser zu werden, Spaß am schnellen Lernen zu finden und damit mehr Zeit zum Spielen zu haben.
Übungen und Kontrolltests helfen, Können und Leistungen zu steigern.

Der Autor
Günther Beyer ist Gründer des Eltern-Schüler-Förderkreises Nordrhein-Westfalen.
Er leitet ein eigenes Institut für Creatives Lernen.
Im ECON-Verlag erschienen seine Ratgeber „Creatives Lernen", „Gedächtnis- und Konzentrationstraining" und „Superwissen durch Alpha-Training".

Die Ängste unserer Kinder.

Eberlein, Gisela
Ängste gesunder Kinder
– Praktische Hilfe bei Lernstörungen –
158 Seiten
7,80 DM
ISBN 3-612-20010-0
ETB 20010

Das Buch
Jedes Kind kämpft mit unbewußten Ängsten, die es in irgendeiner Form hindern, zwanglos fröhlich, aktiv und spontan zu sein. Nervosität, Schlafstörungen, Kontaktschwierigkeiten, ja sogar Asthma, Stottern, Bettnässen sind Folgen dieser Ängste, die durch gezielt angewendete psychologische und pädagogische Entspannungsübungen behoben werden können. Wie, das zeigt dies Buch.

Die Autorin
Dr. med. Gisela Eberlein lehrt in eigener Praxis, in Seminaren und Arbeitsgemeinschaften autogenes Training. Besonders bei Kindern erzielte sie über psychologisch und pädagogisch fundierte Entspannungsmethoden große Erfolge.

Damit der Kindergeburtstag wirklich gelingt.

Kiskalt, Isolde
Wir feiern eine Kinderparty
Spiele, Rezepte, Zaubereien für 4- bis 10jährige
Originalausgabe
128 Seiten
86 Zeichnungen
7,80 DM
ISBN 3-612-20102-6
ETB 20102

Das Buch
Wichtig für eine Kinderparty ist die richtige Vorbereitung. Essen und Trinken, Spiele und Gewinne müssen geplant werden. Dazu findet man in diesem Buch zahlreiche Anregungen und Vorschläge.

Aus dem Inhalt
Vorbereitungen zur Party · Rezepte für Kindergetänke, Gebäck und kleines kaltes Büfett · Bekannte und weniger bekannte Spiele (mit Altersangabe) · Kleine Zaubereien für die Erwachsenen · Zum Ausklang des Festes: eine Tombola.

Die Autorin
Isolde Kiskalt ist Schriftstellerin und bringt hier ihre Erfahrungen, die sie bei Festen für ihre Tochter gewonnen hat.

Naturheilmethoden und heimliche Krankmacher.

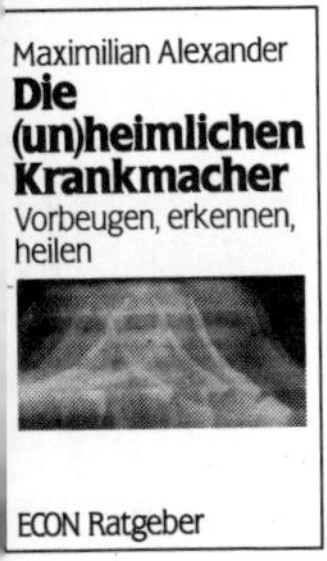

Alexander, Maximilian
Die (un)heimlichen Krankmacher
– Erkennen, Heilen, Vorbeugen –
Originalausgabe
144 Seiten
9,80 DM
ISBN 3-612-20039-9
ETB 20039

Das Buch
Die verborgenen Krankheitsursachen sind das große Handicap der konservativen Schulmedizin, die Krankheitssymptome werden mit höchst bedenklichen Mitteln der Chemie unterdrückt.
Die moderne Naturmedizin aber geht auf den Menschen als Ganzes ein und hilft, Störfelder, vergiftete Stoffwechsellagen, Wirbelsäulenveränderungen, nervale Blokkaden, Lymphstauungen, Psychotoxine, Blutdruck, Durchblutungsstörungen, Sauerstoffmangel, Allergien, Wetterfühligkeit und Therapieschäden zu normalisieren. Ein Krankheits- und Heilmittelregister schließt das Buch ab.

Der Autor
Maximilian Alexander arbeitet seit vielen Jahren als freier Journalist und Schriftsteller. Seine Spezialgebiete sind Medizin und Naturheilkunde.

Biomedizin – die natürliche Alternative.

Alexander, Maximilian/Zoubek, Eugen
Schmerzfrei durch Biomedizin
– Neue Naturheilmethoden –
143 Seiten
6,80 DM
ISBN 3-612-20000-3
ETB 20000

Das Buch
Akute und chronische Schmerzzustände sind das Schicksal vieler Menschen und können oft einen Lebensweg beeinflussen und prägen. Die Biomedizin bietet eine natürliche Alternative zu den herkömmlichen Schmerzmitteln.
Wirksame Präparate, auf rein biologischer Basis hergestellt, helfen Schmerzen ohne schädliche Nebenwirkungen überwinden, mobilisieren Eigenkräfte und setzen einen natürlichen Heilungsprozeß in Gang. Anhand zahlreicher Praxisbeispiele zeigen die Autoren, mit welchen Mitteln der modernen Naturmedizin der Mensch Krankheiten und Schmerzen vorbeugen und sich selbst erfolgreich behandeln kann.

Die Autoren
Maximilian Alexander arbeitet seit vielen Jahren als freier Journalist und Schriftsteller. Seine Spezialgebiete sind Medizin und Naturheilkunde.
Eugen Zoubek ist Homöopath und Arzt.

Nie mehr Verstopfung.

Leibold, Gerhard
Gesund und fit durch Ballaststoffe
Originalausgabe
140 Seiten
5 Zeichnungen
7,80 DM
ISBN 3-612-20082-8
ETB 20082

Das Buch
Ballaststoffe sind wichtige Bestandteile der menschlichen Nahrung. Der Autor schildert die Notwendigkeit der Verwendung und die Gefahren für die Gesundheit bei Mangel an Ballaststoffen.

Aus dem Inhalt
Was sind Ballaststoffe? · Natürliche Ballaststoffquellen · Stuhlgang ohne Probleme · Regulierung der Blutfett- und Blutzuckerwerte · Vorbeugung von Krebskrankheiten · Krank durch Ballaststoffmangel · Richtige Ernährung · Rezepte für ballaststoffreiche Ernährung.

Der Autor
Gerhard Leibold ist erfahrener Heilpraktiker und Autor zahlreicher Sachbücher.

Krankheiten erkennen und selbst behandeln.

Bierach, Alfred
Reflexzonentherapie
– Krankheiten erkennen und selbst behandeln –
123 Seiten
89 Zeichnungen
46 Fotos
6,80 DM
ISBN 3-612-20002-X
ETB 20002

Das Buch
Geistige Anspannung und körperliche Verkrampfung führen oft zu Verhärtung oder Knötchen, da von den inneren Organen Reflexbahnen zur Körperdecke laufen, die diese verändern. Durch Reflexzonenmassage kann man über bestimmte Gebiete der Körperdecke auf innere Organe einwirken, Schmerz lindern oder heilen.
Die exakte Bebilderung in diesem Buch zeigt, welche Körperzonen bei welchen Erkrankungen behandelt werden sollen.

Der Autor
Alfred Bierach leitet eine eigene Praxis für Psychotherapie und Naturheilkunde am Bodensee. Seit Jahren wendet er Reflexzonenmassage erfolgreich an.

Primadonna, die man lieben muß.

Eilert-Overbeck, B.
Meine Katze
Verhalten, Ernährung, Pflege
Originalausgabe
140 Seiten
24 Zeichnungen
8,80 DM
ISBN 3-612-20151-4
ETB 20151

Das Buch
Katzen wollen den Familienanschluß, ja sogar die „Gleichberechtigung" von ihrem menschlichen Wohngenossen. Sie können zärtliche Schmusetiere sein, aber sie können auch das Erbe ihrer wilden Verwandten nicht leugnen. In diesem Buch erfährt man alles, was für das Zusammenleben und Verständnis notwendig ist.

Aus dem Inhalt
Die Katze – ein Tier mit Persönlichkeit · Grundvoraussetzungen für die Katzenhaltung · Eine Katze kommt in die Familie · Wohnungskatze oder „Freiläufer" · Ernährung und Pflege · Gesundheit und Geburtenkontrolle · Welche Katze soll es sein?

Die Autorin
Brigitte Eilert-Overbeck ist Journalistin und Autorin mehrerer Katzenbücher.

Das Buch erscheint als Begleitbuch zur ZDF-Serie „Mit Tieren leben".

Das Rauhbein mit der zarten Seele.

Nimz, Arnt-Günter
Mein Hund
Verhalten, Erziehung, Pflege
Originalausgabe
128 Seiten
ca. 30 Zeichnungen
8,80 DM
ISBN 3-612-20150-6
ETB 20150

Das Buch
Hunde sind die treuesten Haustiere, ob es nun Rassehunde oder Mischlinge sind. In diesem Buch wird von einem kompetenten Autor alles das beschrieben, was wichtig ist für das Zusammenleben von Hund und Mensch, sowohl in der Stadt als auch auf dem Land.

Aus dem Inhalt
Welcher Hund ist der richtige? · Kleine Hundepsychologie · Erziehung des Hundes · Richtige Ernährung · Hund und Kind · Der vierbeinige Patient · Mit Hund auf Reisen · Leben mit Hunden.

Der Autor
Dr. med. vet. A.-G. Nimz ist Kleintierarzt mit eigener Praxis und hat jahrelange Erfahrung im Umgang mit Hunden.

Das Buch erscheint als Begleitbuch zur ZDF-Serie „Mit Tieren leben".

Mischlinge haben die besten Charaktere.

Spangenberg, Rolf
Klassehunde ohne Rasse
Freundschaft, die nie enttäuscht
224 Seiten
30 Fotos
9,80 DM
ISBN 3-612-20109-3
ETB 20109

Das Buch
Eine „Promenadenmischung" werden sie oft abfällig genannt, die liebenswerten Hunde, die auf keinen makellosen Stammbaum zurückblicken können. Dabei sind sie besonders kraftvoll, widerstandsfähig und anhänglich.

Aus dem Inhalt
Erwerb · Rassenstolz · Hundeknigge · Körpersignale kultivieren · Stimmklang modulieren · Soziale Stellung betonen · Hundestrafen · Haltung und Pflege · Der erste Tag · Der Alltag · Hundeliebe · Tierquälerei · Tierschutzvereine und Tierheime

Der Autor
Dr. Rolf Spangenberg ist Tierarzt und Sachbuchautor.

Meine ersten eigenen Fische.

Mayland, Hans J.
Aquarium für Anfänger
Beckenarten, Aquarientechnik, Bepflanzung, Fische
Originalausgabe
144 Seiten, 30 Farbfotos, 60 Zeichnungen
9,80 DM
ISBN 3-612-20100-X
ETB 20100

Das Buch
Fische sind nicht nur schön, sie stellen auch ein wahres Nervenelixier dar. Das Aquarium und seine Pflege sind ein Hobby für die ganze Familie. Kinder lernen das Wunder der Fortpflanzung sowie die Liebe zur Kreatur.

Aus dem Inhalt
Welchen Aquarientyp brauchen wir? · Wohin mit dem Aquarium? · Größe und Gewicht eines Aquariums · Keine Angst vor der Technik! · Einrichtung des Beckens · Das Wasser · Über die Bepflanzung · Die Fische · Fütterung · Aquarienmedizin

Der Autor
Hans J. Mayland ist der bekannteste deutsche Aquaristik-Autor.

Bewußter leben und erleben.

Stangl, Marie-Luise
Jede Minute sinnvoll leben
– Vertrauen zu sich selbst gewinnen –
123 Seiten
5,80 DM
ISBN 3-612-20015-1
ETB 20015

Das Buch
Eine der besten Kennerinnen der alten chinesisch-japanischen Weisheiten des Zen-Buddhismus verhilft dem Leser – von der Hausfrau bis hin zum Top-Manager – zu einem neuen Verständnis seiner selbst. Sie beschreibt, wie man durch Bewußtwerdung ganz alltäglicher Tätigkeiten und Verrichtungen – wie Gehen, Stehen, Laufen, Essen, Arbeiten – sein Leben und seine Persönlichkeit eindringlicher und bejahender erlebt und erfaßt, wie man sich von Angst, Zerrissenheit, Selbstentfremdung und aus innerer Einsamkeit löst und dadurch neue Lebenskraft schöpft.

Die Autorin
Marie-Luise Stangl leitet im Odenwald, zusammen mit ihrem Mann Dr. Anton Stangl, seit vielen Jahren Seminare zur Persönlichkeitsbildung durch Entspannungstechniken.

Der Weg zum inneren Reich.

Müller-Elmau, Bernhard
Kräfte aus der Stille
– Die transzendentale Meditation –
191 Seiten
7,80 DM
ISBN 3-612-20021-6
ETB 20021

Das Buch
Ohne Bewußtsein könnten wir nichts von unserem Dasein als Mensch wissen. Transzendentale Meditation führt den Menschen wieder in die Bereiche des Seelisch-Geistigen zurück und erschließt ihm sein inneres Reich und ein Bewußtsein, in dem Liebe, Glück und Würde ihren angestammten Platz einnehmen können.

Der Autor
Bernhard Müller-Elmau leitet Schloß Elmau am Wetterstein, das sein Vater als Stätte geistiger Erholung geschaffen hat. Er beschäftigt sich seit vielen Jahren mit Transzendentaler Meditation. Während eines Studienaufenthaltes in Indien traf er Maharishi Mahesh Yogi, der dies erste deutsche Buch über Transzendentaler Meditation gut geheißen hat.

Wir sind alle auf demselben Weg.

Stangl, Marie-Luise
Die Welt der Chakren
– Praktische Übungen zur Seins-Erfahrung –
Originalausgabe
107 Seiten
49 Zeichnungen
5,80 DM
ISBN 3-612-20022-4
ETB 20022

Das Buch
Die Lehre von den Chakren – eine indische Lehre – handelt von den menschlichen Kraftzentren, den Zentren, in denen der Mensch die Schwingungen seiner Lebensenergie oder Lebenskraft aus dem Kosmos, der unmerklichen Quelle seines Seins aufnimmt. Dieses Buch soll dem Leser helfen, bewußter zu leben, sein Denken und Fühlen im Hier und Jetzt zu zentrieren, sich zu entspannen, Zuversicht, Vertrauen, Frieden und Liebe zu finden.

Die Autorin
Marie-Luise Stangl ist Entspannungspädagogin. Sie leitet seit vielen Jahren, zusammen mit ihrem Mann Dr. Anton Stangl, Seminare zur Selbsterfahrung und Selbstverwirklichung durch Eutonie und Zen.

Schlank im Schlaf.

Bierach, Alfred
Schlank im Schlaf durch vertiefte Entspannung
– Die SIS-Methode –
144 Seiten, 1 Grafik
6,80 DM
ISBN 3-612-20008-9
ETB 20008

Das Buch
Durch vertiefte Entspannung im Schlaf schlank werden, dies ist eine neue Methode, die all jenen zu empfehlen ist, die ohne Mühe schlank werden und endlich wieder ihr Normalgewicht erreichen wollen. Im Zustand tiefster Entspannung suggeriert der Mensch seinem Unterbewußtsein ein verändertes Ernährungsprinzip und kann so bei Bewußtsein mühelos den neuen Weg einhalten. Eine wissenschaftliche und praxiserprobte Methode, die in psychosomatischen Kliniken angewandt wird.

Der Autor
Dr. Alfred Bierach, Psychotherapeut und Naturheilkundler, ist in eigener Praxis am Bodensee tätig. Mit der SIS-Methode hat er vielen Patienten geholfen, schlank zu werden.

Das Standardwerk der biologischen Küche.

Danner, Helma
Biologisch kochen und backen
– Das Rezeptbuch der natürlichen Ernährung –
288 Seiten, 8 Farbtafeln, 425 Rezepte
14,80 DM
ISBN 3-612-20003-8
ETB 20003

Das Buch

Natürliche Ernährung ist nicht nur gesund, sondern auch wohlschmeckend, durch sie können Krankheiten geheilt, gelindert und verhindert werden: Karies, Paradontose, Erkrankung des Bewegungsapparates, Zuckerkrankheit, Leber-, Gallen-, Nierenerkrankungen, Beschwerden der Verdauungsorgane, Gefäßerkrankungen u. v. a. m. Naturbelassene Ernährung bringt dem Menschen neuen Schwung, Elastizität, Ausdauer und hohe Konzentrationsfähigkeit, sie erhält ihn gesund und schlank.
Die Rezepte in diesem Buch sind praxiserprobt.

Die Autorin

Helma Danner ist Gesundheitsberaterin.
Sie beschäftigt sich seit vielen Jahren mit der wissenschaftlichen und Laienliteratur auf dem Ernährungssektor, mit neuesten und alten Gesundheits- und Kochbüchern.

Gesunde Ernährung für körperliches und seelisches Wohl.

Dörner, Ilse Sibylle
Das grüne Kochbuch
– Handbuch der naturbelassenen Küche –
270 Seiten
20 Zeichnungen
382 Rezepte
12,80 DM
ISBN 3-612-20026-7
ETB 20026

Das Buch

Das Handbuch der naturbelassenen Küche beweist mit über 380 Rezepten, daß man gesund leben und trotzdem köstlich essen kann.
Modernes Kochen mit frischen und gesunden Lebensmitteln, die schonend, selbst für schmackhafte Speisen, verarbeitet werden – unter dieser Maxime steht das grüne Kochbuch mit seinen vielen praxiserprobten Rezepten, Anleitungen, Tips und Ratschlägen zur naturbelassenen Küche. Es zeigt aber auch, daß Kochen nicht erst am Herd beginnt: Joghurt und Käse, Gemüse und Kräuter aus eigener Produktion bereichern jeden Tisch.

Die Autorin

Ilse Sibylle Dörner schreibt als freie Journalistin u. a. für die Zeitschrift „Feinschmecker". Sie ist Autorin mehrerer Kochbücher.

Endlich! Die Diät, die Spaß macht.

Dörner, Ilse Sibylle
Diät mit Bio-Kost
– Schlank, gesund und fit –
Originalausgabe
189 Seiten
16 Zeichnungen
232 Rezepte
9,80 DM
ISBN 3-612-20019-4
ETB 20019

Das Buch

Bio-Diät ist eine neue, gesunde Möglichkeit, schlank zu werden und schlank zu bleiben. Köstliche Rezepte, eine Einführung in die Kräuter- und Keimlingszucht, Bio-Kosmetik und Bio-Medizin verleiten den Leser, sofort anzufangen und ohne Qual und zeitliche Begrenzung seinem Körper etwas Gutes zu tun, ihn schlank und fit zu halten.

Die Autorin

Ilse Sibylle Dörner schreibt als freie Journalistin u. a. für die Zeitschrift „Feinschmecker". Sie ist Autorin mehrerer Kochbücher, u.a. „Das grüne Kochbuch", ein Standardwerk für die alternative Küche.

Schnäpse und Liköre – Auch ein Stück Gesundheit?

Buss, Katharina
Leib- u. Magenelixiere
– Selbstgemachte Liköre u. Schnäpse –
Originalausgabe
144 Seiten
30 Zeichnungen
4 Farbtaf., 167 Rezepte
8,80 DM
ISBN 3 612 20018-6
ETB 20018

Das Buch

Äbte, Padres und Nonnen durften keinen Alkohol zu sich nehmen, und doch haben sie die besten Rezepte für die Zubereitung von Kräuterlikören und Schnäpsen zusammengestellt.
Viele der alten Klostertränke sind hier in etwa 200 Rezepten aufgenommen. Für jeden Geschmack und für die Gesundheit obendrein ist etwas dabei.
Eine Tabelle über die Reifezeiten von Früchten und Kräutern erleichtern die jährliche Planung der eigenen Herstellung.

Die Autorin

Katharina Buss ist Lebensmitteljournalistin, sie schreibt u. a. für den „Feinschmecker". Die Rezepte hat sie selbst ausprobiert.

ETB-GESAMTVERZEICHNIS ECON RATGEBER

Gesundheit

Maximilian Alexander
Die (un)heimlichen Krankmacher
Vorbeugen, erkennen, heilen
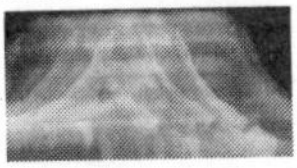
ECON Ratgeber
ETB 20039 **DM 9,80**
Originalausgabe,
144 Seiten

Wolf Ulrich
Allergien sind heilbar
Hilfe bei Heuschnupfen und anderen allergischen Krankheiten
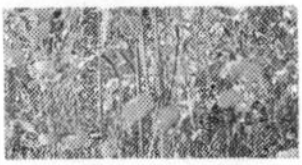
ECON Ratgeber
ETB 20023 **DM 8,80**
159 Seiten,
14 Zeichnungen

Maximilian Alexander
Rheuma ist heilbar
Neueste Naturheilmethoden

ECON Ratgeber
ETB 20017 **DM 7,80**
142 Seiten

Bernard A. Bäker
Gelenkerkrankungen
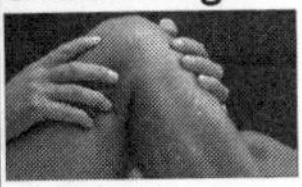
Arthritis, Arthrose, Gelenkrheuma
ECON Ratgeber
ETB 20080 **DM 8,80**
141 Seiten,
57 Zeichnungen,
12 Fotos

Gerhard Leibold
Das Kreuz mit dem Kreuz

Bandscheibenschäden vorbeugen und heilen
ECON Ratgeber
ETB 20133 **DM 7,80**
Originalausgabe,
ca. 144 Seiten,
15 Zeichnungen

Bernard A. Bäker
Migräne und Kopfschmerzen sind heilbar

ECON Ratgeber
ETB 20063 **DM 7,80**
115 Seiten,
6 Zeichnungen

Werner Zenker
Mit Asthma leben lernen

ECON Ratgeber
ETB 20049 **DM 7,80**
Originalausgabe,
173 Seiten

Werner Zenker
Mein Kind hat Asthma

ECON Ratgeber
ETB 20037 **DM 9,80**
Originalausgabe,
202 Seiten

Martin Schwartz
Stottern ist heilbar

Erfolgreiche Behandlungsmethoden
ECON Ratgeber
ETB 20057 **DM 7,80**
176 Seiten

Gerhard Leibold
Die Schilddrüse
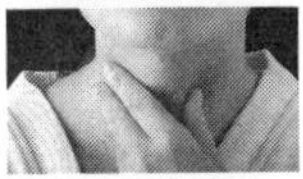
Krankheiten vorbeugen und behandeln
ECON Ratgeber
ETB 20106 **DM 7,80**
Originalausgabe,
ca. 128 Seiten,
4 Zeichnungen

Bernard A. Bäker
Brustkrebs
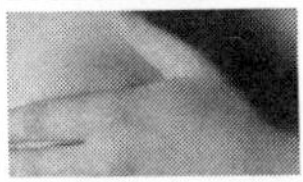
Vorbeugen, erkennen, handeln
ECON Ratgeber
ETB 20107 **DM 8,80**
Originalausgabe,
ca. 176 Seiten,
Zeichnungen

Gerhard Leibold
Risikofaktor Cholesterin

Erkennen und vorbeugen
ECON Ratgeber
ETB 20083 **DM 7,80**
Originalausgabe,
138 Seiten, 5 Zeichnungen

Michael Eisenberg
Magenkrank?

Behandlung und Heilung
ECON Ratgeber
ETB 20068 **DM 8,80**
159 Seiten,
14 Zeichnungen

Angela Kilmartin
Blasenentzündung

Vorbeugen und selbst behandeln
ECON Ratgeber
ETB 20072 **DM 8,80**
164 Seiten,
18 Zeichnungen

Wolf Ulrich
Zellulitis ist heilbar
Orangenhaut – vorbeugen und selbst behandeln
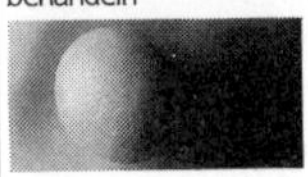
ECON Ratgeber
ETB 20012 **DM 6,80**
128 Seiten,
51 Fotos

ETB 20013 DM 6,80
139 Seiten,
6 Zeichnungen

ETB 20096 DM 8,80
Aktualisierte und erweiterte Neuausgabe,
160 S., 16 Zeichnungen, 8 Fotos

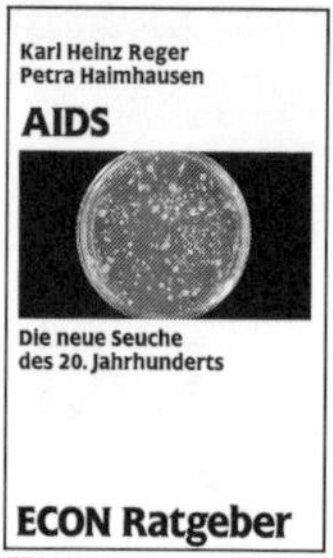

ETB 20084 DM 8,80
Aktualisierte und erweiterte Neuausgabe,
134 Seiten

ETB 20078 DM 9,80
222 Seiten

ETB 20007 DM 12,80
304 Seiten,
67 Graphiken

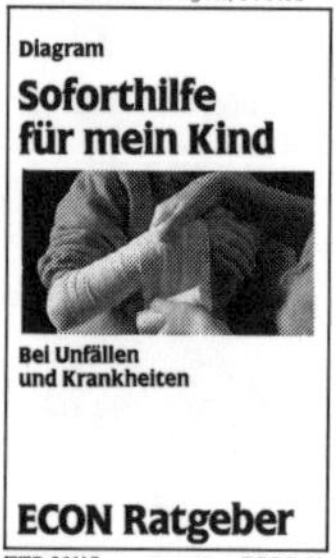

ETB 20115 DM 7,80
Deutsche Erstausgabe,
128 Seiten,
200 Zeichnungen

ETB 20000 DM 6,80
143 Seiten

ETB 20027 DM 7,80
142 Seiten,
9 Zeichnungen

ETB 20071 DM 9,80
Originalausgabe,
207 Seiten,
23 Zeichnungen

ETB 20029 DM 6,80
143 Seiten

ETB 20035 DM 9,80
Originalausgabe,
234 Seiten

ETB 20058 DM 7,80
Deutsche Erstausgabe,
141 Seiten

ETB 20082 DM 7,80
Originalausgabe,
140 Seiten,
5 Zeichnungen

ETB 20145 DM 9,80
Originalausgabe,
ca. 160 Seiten,
20 Zeichnungen

ETB 20097 DM 9,80
Originalausgabe,
ca. 208 Seiten

ETB 20006 DM 6,80
159 Seiten,
26 Fotos

A. Werner
Wege weg vom Alkohol

ECON Ratgeber

ETB 20075 **DM 9,80**
Originalausgabe,
215 Seiten

Hans Ewald
Akupressur für Jeden

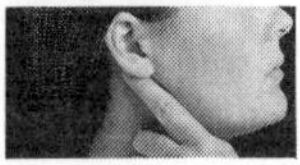

ECON Ratgeber

ETB 20020 **DM 6,80**
111 Seiten,
41 Zeichnungen,
55 Fotos

Hans Ewald
Akupunktur für Jeden
Eine Anleitung in Bildern

ECON Ratgeber

ETB 20005 **DM 6,80**
112 Seiten,
35 Zeichnungen,
43 Fotos

Alfred Bierach
Reflexzonentherapie
Krankheiten erkennen und selbst behandeln

ECON Ratgeber

ETB 20002 **DM 6,80**
123 Seiten,
89 Zeichnungen,
46 Fotos

Chris Stadtlaender
Selbstmassage

Gesund und schön durch eigene Kraft

ECON Ratgeber

ETB 20067 **DM 8,80**
Originalausgabe,
160 Seiten,
29 Zeichnungen

Yukiko Irwin
Shiatzu

Mit 10 Fingern gegen 1000 Krankheiten

ECON Ratgeber

ETB 20140 **DM 9,80**
160 Seiten,
177 Zeichnungen

Hartmut Weiss
Yoga
Meditation
Schulung zur Selbstverwirklichung

ECON Ratgeber

ETB 20030 **DM 5,80**
126 Seiten,
36 Zeichnungen

Stella Weller
Natürliche Geburt durch Yoga

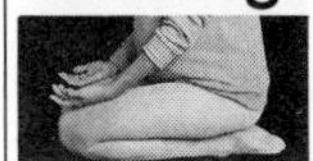

ECON Ratgeber

ETB 20014 **DM 7,80**
160 Seiten,
64 Fotos

Gisela Eberlein
Gesund durch Autogenes Training

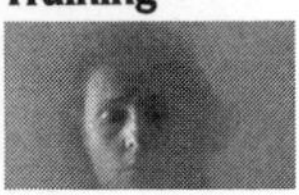

ECON Ratgeber

ETB 20141 **DM 7,80**
132 Seiten,
6 Zeichnungen

Gisela Eberlein
Autogenes Training mit Kindern

ECON Ratgeber

ETB 20004 **DM 6,80**
112 Seiten

Gisela Eberlein
Autogenes Training mit Jugendlichen

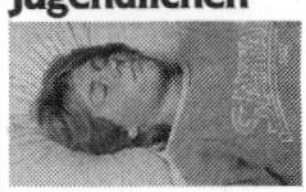

Ziel, Sinn, Praxis

ECON Ratgeber

ETB 20061 **DM 7,80**
126 Seiten

Gisela Eberlein
Autogenes Training für Fortgeschrittene

ECON Ratgeber

ETB 20098 **DM 7,80**
120 Seiten

Cornelia Dunkel
H. Schulz
Boxgymnastik für Frauen

Das neue Fitneßprogramm für den ganzen Körper

ECON Ratgeber

ETB 20149 **DM 8,80**
Originalausgabe,
112 Seiten,
102 Fotos

Frieder Anders
Tai Chi Chuan

Meditation in Bewegung zur Steigerung des Körpergefühls und zur Festigung der Gesundheit

ECON Ratgeber

ETB 20065 **DM 9,80**
155 Seiten,
217 Fotos,
5 Zeichnungen

Chris Stadtlaender
Natürlich schön durch Bio-Kosmetik

ECON Ratgeber

ETB 20025 **DM 9,80**
174 Seiten, 16 Zeichnungen,
5 Farbfotos,
253 Rezepte

Essen und Trinken

Ilse Sibylle Dörner
Das grüne Kochbuch
Handbuch der naturbelassenen Küche

ECON Ratgeber

ETB 20026 **DM 12,80**
270 Seiten,
20 Zeichnungen,
382 Rezepte

Helma Danner
Biologisch kochen und backen
Das Rezeptbuch der natürlichen Ernährung

ECON Ratgeber

ETB 20003 **DM 14,80**
288 Seiten,
8 Farbtafeln,
425 Rezepte

Ilse Sibylle Dörner
Diät mit Bio-Kost
Schlank, gesund und fit

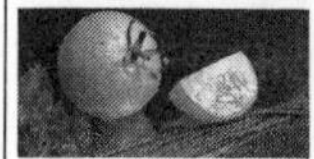

ECON Ratgeber

ETB 20019 **DM 9,80**
Originalausgabe,
189 Seiten, 16 Zeichnungen,
232 Rezepte

Helma Danner
Bio-Kost für mein Kind

ECON Ratgeber

ETB 20050 **DM 8,80**
160 Seiten,
20 Zeichnungen

Anneliese und Gerhard Eckert
Selbst räuchern

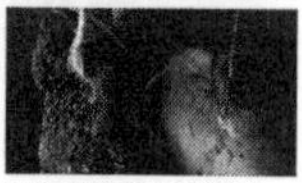

Fische, Fleisch und Wurst ... Rezepte

ECON Ratgeber

ETB 20087 **DM 9,80**
Originalausgabe,
144 Seiten,
Zeichnungen

Veronika Müller
Käse und Joghurt selbst herstellen

Mit 100 Rezepten zum Kochen
Originalausgabe

ECON Ratgeber

ETB 20136 **DM 8,80**
Originalausgabe,
ca. 128 Seiten,
20 Zeichnungen

Heidemarie Freund
Marmeladen, Konfitüren und Gelees

150 Rezepte
Originalausgabe

ECON Ratgeber

ETB 20144 **DM 9,80**
Originalausgabe,
ca. 128 Seiten,
Zeichnungen

Ilse Sibylle Dörner
Kochen und heilen mit Honig

ECON Ratgeber

ETB 20070 **DM 9,80**
221 Seiten,
15 Zeichnungen,
516 Rezepte

Peter Espe
Tips für den Weinkauf

Band 1: Das Grundwissen

ECON Ratgeber

ETB 20148 **DM 8,80**
168 Seiten,
20 Zeichnungen

Katharina Buss
Leib- und Magen-elixiere
Selbstgemachte Liköre und Schnäpse

ECON Ratgeber

ETB 20018 **DM 8,80**
Originalausgabe,
144 Seiten, 30 Zeichnungen,
4 Farbtafeln, 167 Rezepte

Peter C. Hubschmid
Tee – für Kenner und Genießer

Ein Brevier mit 40 Teerezepten

ECON Ratgeber

ETB 20073 **DM 8,80**
Originalausgabe,
144 Seiten,
20 Zeichnungen

Gini Rock
Aus der Bohne wird Kaffee
80 Rezepte zur Zubereitung eines klassischen Getränks

ECON Ratgeber

ETB 20048 **DM 8,80**
Originalausgabe,
168 Seiten,
37 Abbildungen

Natur

Heidrun und Friedrich Jantzen
Das Gartenjahr im Gemüsegarten

ECON Ratgeber

ETB 20108 **DM 9,80**
Originalausgabe,
ca. 128 Seiten,
ca. 100 Zeichnungen und Fotos

Ina Jung
Biologisch düngen

Gesunder Boden, weniger Schadstoffbelastung, mehr Ertrag

ECON Ratgeber

ETB 20134 **DM 9,80**
Originalausgabe,
ca. 128 Seiten,
ca. 50 Zeichnungen

Ina Jung
Der ökologische Wassergarten

Ein Biotop im Garten
ECON Ratgeber

ETB 20142 **DM 9,80**
Originalausgabe,
ca. 144 Seiten,
ca. 50 Zeichnungen

Ina Jung
Der Ökogarten für Kinder

Natur verstehen auf kleinstem Raum
ECON Ratgeber

ETB 20099 **DM 9,80**
Originalausgabe,
128 Seiten,
50 Zeichnungen

Gustav Schoser
Pflanzen überwintern

Immergrüne und laubabwerfende Gehölze, krautige Pflanzen
Originalausgabe
ECON Ratgeber

ETB 20085 **DM 9,80**
Originalausgabe,
ca. 144 Seiten,
ca. 50 Zeichnungen

Gustav Schoser
Zimmerpflanzen unter Kunstlicht

ECON Ratgeber

ETB 20116 **DM 9,80**
Originalausgabe,
ca. 144 Seiten, 4 Farbtafeln,
30 Fotos und Zeichnungen

Katharina Buss
Der Nutzgarten im Blumentopf

Kräuter und Gemüse statt Zierpflanzen
ECON Ratgeber

ETB 20059 **DM 9,80**
205 Seiten,
66 Zeichnungen

Brigitte Eilert-Overbeck
Meine Katze

Verhalten, Ernährung, Pflege
Begleitbuch zur ZDF-Serie »Mit Tieren leben«
ECON Ratgeber

ETB 20151 **DM 8,80**
Originalausgabe,
140 Seiten,
24 Zeichnungen

Arnt-Günter Nimz
Mein Hund

Verhalten, Erziehung, Pflege
Begleitbuch zur ZDF-Serie »Mit Tieren leben«
ECON Ratgeber

ETB 20150 **DM 8,80**
Originalausgabe,
128 Seiten,
ca. 30 Zeichnungen

Udo B. Brumpreiksz
Mein Dackel

Pflege, Ernährung, Krankheiten
ECON Ratgeber

ETB 20086 **DM 8,80**
Originalausgabe,
ca. 144 Seiten,
ca. 30 Abbildungen

Rolf Spangenberg
Klassehunde ohne Rasse

Freundschaft, die nie enttäuscht
ECON Ratgeber

ETB 20109 **DM 9,80**
224 Seiten,
30 Fotos

Horst Schall
Mein Kaninchen

Herkunft, Verhalten, Pflege
Begleitbuch zur ZDF-Serie »Mit Tieren leben«
Originalausgabe
ECON Ratgeber

ETB 20135 **DM 8,80**
Originalausgabe,
ca. 160 Seiten,
30 Fotos und Zeichnungen

Hans J. Mayland
Aquarium für Anfänger

Beckenarten, Aquarientechnik, Bepflanzung, Fische
ECON Ratgeber

ETB 20100 **DM 9,80**
Originalausgabe,
144 Seiten,
30 Farbfotos, 60 Zeichnungen

Gaby Karmann
Detlef Ost
Naturheilkunde für Katzen

ECON Ratgeber

ETB 20077 **DM 7,80**
Originalausgabe,
96 Seiten,
21 Zeichnungen

I. Ghosh
Naturheilkunde für Hunde

ECON Ratgeber

ETB 20076 **DM 7,80**
Originalausgabe,
120 Seiten,
14 Zeichnungen

Walter Salomon
Naturheilkunde für Pferde

ECON Ratgeber

ETB 20117 **DM 9,80**
Originalausgabe,
ca. 208 Seiten,
40 Fotos und Zeichnungen

Marga Drossard
Ursula Letschert
Naturheilkunde für Kleintiere

ECON Ratgeber

ETB 20118 **DM 9,80**
Originalausgabe,
ca. 160 Seiten,
ca. 40 Zeichnungen

Hobby

Heidemarie Freund
Schöne Geschenke selbst gebastelt

Originalausgabe
ECON Ratgeber

ETB 20088 **DM 8,80**
Originalausgabe,
112 Seiten,
ca. 70 Zeichnungen

Heidemarie Freund
Basteln mit Kindern

Zauberhafte Ideen für 4- bis 10jährige
Originalausgabe
ECON Ratgeber

ETB 20101 **DM 8,80**
Originalausgabe,
112 Seiten,
ca. 70 Zeichnungen

Christel Keller
Seidenmalerei

ECON Ratgeber

ETB 20137 **DM 14,80**
Originalausgabe,
112 Seiten,
ca. 30 Fotos, 16 Farbtafeln

Eva Gabisch
Chinesische Malerei
Anleitung für ein schöpferisches Hobby

ECON Ratgeber

ETB 20011 **DM 5,80**
95 Seiten,
3 Farbtafeln,
70 Zeichnungen

Annette Arnold
Kerzen und Figuren aus Bienenwachs

Anleitung zum Selbermachen
ECON Ratgeber

ETB 20110 **DM 9,80**
Originalausgabe,
128 Seiten,
ca. 50 Fotos und Zeichnungen

Edda Biesterfeld
Kleine Kunst auf weißem Gold
Ein Kurs zum Erlernen der Porzellanmalerei

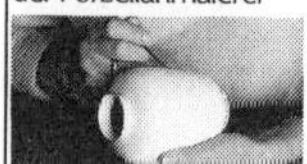

ECON Ratgeber

ETB 20009 **DM 8,80**
157 Seiten,
16 Farbfotos,
80 Zeichnungen

Dieter Heitmann
Holz - das natürlichste Spielzeug der Welt
Ideen zum Selbermachen

ECON Ratgeber

ETB 20034 **DM 12,80**
122 Seiten,
68 Fotos, 13 Farbfotos,
100 Zeichnungen

Klaus Oberbeil
Kaufen und verkaufen auf dem Flohmarkt

ECON Ratgeber

ETB 20079 **DM 8,80**
Originalausgabe,
160 Seiten

Heiner Vogelsang
Trödel sammeln und restaurieren
1000 Tips für den Umgang mit alten Stücken

ECON Ratgeber

ETB 20042 **DM 12,80**
Originalausgabe,
174 Seiten, 8 Farbtafeln,
36 Zeichnungen

Helmut-Maria Glogger
Kunst und Antiquitäten sachkundig kaufen

ECON Ratgeber

ETB 20089 **DM 14,80**
Originalausgabe,
ca. 180 Seiten,
ca. 40 Zeichnungen

Siegfried Sterner
Hausmusik
Vergnügen in Dur und Moll

ECON Ratgeber

ETB 20036 **DM 9,80**
187 Seiten,
31 Zeichnungen

Spiele und Unterhaltung

H. Otake
S. Futakuchi
Go

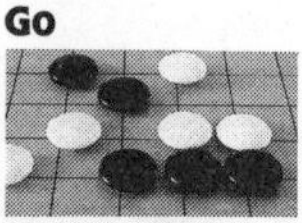

Das Einführungsbuch des Deutschen Go-Bundes
ECON Ratgeber

ETB 20103 **DM 9,80**
Deutsche Erstausgabe,
200 Seiten,
250 Diagramme

Alfred Schwarz
Backgammon

Das offizielle Regelbuch des Deutschen Backgammon-Bundes
ECON Ratgeber

ETB 20112 **DM 9,80**
Originalausgabe,
ca. 128 Seiten,
116 Zeichnungen

Ruth Dirx
Kinderspiele von Januar bis Dezember
Unterhaltung für Mädchen, Jungen und Eltern

ECON Ratgeber

ETB 20032 **DM 7,80**
175 Seiten,
55 Zeichnungen,
198 Spielideen

Isolde Kiskalt

Wir feiern eine Kinderparty

Spiele, Rezepte, Zaubereien für 4- bis 10jährige

ECON Ratgeber

ETB 20102 **DM 7,80**
Originalausgabe,
128 Seiten,
86 Zeichnungen

Martin Weghorn

1000 Fragen zur Umwelt

Ein Quizbuch für Wissen und Unterhaltung

ECON Ratgeber

ETB 20090 **DM 7,80**
Originalausgabe,
128 Seiten,
ca. 100 Zeichnungen

Martin Weghorn

1000 Fragen zur Geographie

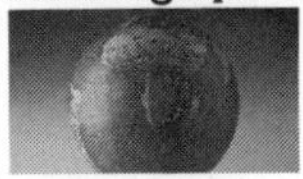

Ein Quizbuch für Wissen und Unterhaltung

ECON Ratgeber

ETB 20111 **DM 7,80**
Originalausgabe,
ca. 128 Seiten,
ca. 10 Zeichnungen

Martin Weghorn

1000 Fragen zur Geschichte

Ein Quizbuch für Wissen und Unterhaltung

ECON Ratgeber

ETB 20138 **DM 7,80**
Originalausgabe,
ca. 128 Seiten

Reden, Briefe, deutsche Sprache

Edith Hallwass

Gutes Deutsch in allen Lebenslagen

ECON Ratgeber

ETB 20139 **DM 14,80**
530 Seiten

Heidemarie Müller

Die schönsten Poesiealbum-verse

ECON Ratgeber

ETB 20092 **DM 6,80**
Originalausgabe,
111 Seiten

Frank Hercher

Ansprachen, Reden, Toasts

Für alle Gelegenheiten

ECON Ratgeber

ETB 20093 **DM 9,80**
224 Seiten

Franz Bludau

Liebesbriefe

Musterbriefe für Verliebte

ECON Ratgeber

ETB 20105 **DM 7,80**
Originalausgabe,
ca. 128 Seiten

Brigitte Otto

Vornamen

Herkunft und Bedeutung
Von Abigail bis Zygmunt

Originalausgabe

ECON Ratgeber

ETB 20113 **DM 7,80**
Originalausgabe,
ca. 160 Seiten

Lebenshilfe

Peter Lauster

Lassen Sie sich nichts gefallen

Die Kunst,
sich durchzusetzen
Mut zum Ich

ECON

ETB 20081 **DM 12,80**
285 Seiten,
33 Zeichnungen

Anton und Marie-Luise Stangl

Lebenskraft

Selbstverwirklichung durch Eutonie und Zen

ECON Ratgeber

ETB 20094 **DM 12,80**
296 Seiten

Marie-Luise Stangl

Jede Minute sinnvoll leben

Vertrauen zu sich selbst gewinnen

ECON Ratgeber

ETB 20015 **DM 5,80**
123 Seiten

Marie-Luise Stangl

Die Welt der Chakren

Praktische Übungen zur Seins-Erfahrung

ECON Ratgeber

ETB 20022 **DM 5,80**
Originalausgabe,
107 Seiten,
49 Zeichnungen

Joseph Wolpe

Unsere sinnlosen Ängste

Wege zu ihrer Überwindung

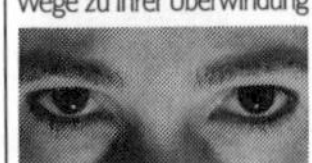

ECON Ratgeber

ETB 20031 **DM 8,80**
204 Seiten

Bernhard Müller-Elmau
Kräfte aus der Stille
Die transzendentale Meditation

ECON Ratgeber

ETB 20021 **DM 7,80**
191 Seiten

Gerhard Leibold
Körpertherapie

Einklang von Körper, Geist und Psyche
ECON Ratgeber

ETB 20114 **DM 7,80**
Originalausgabe,
ca. 160 Seiten,
15 Zeichnungen

Marianne Schneider-Düker
Gruppenpsychotherapie
Methoden, Probleme, Erfolge

ECON Ratgeber

ETB 20055 **DM 7,80**
135 Seiten,
6 Abbildungen

Peter Lauster
Statussymbole

Wie jeder jeden beeindrucken will
ECON

ETB 20104 **DM 9,80**
204 Seiten,
25 Zeichnungen

Maximilian Alexander
Schein und Wirklichkeit der Sekten

ECON Ratgeber

ETB 20069 **DM 9,80**
Originalausgabe,
ca. 192 Seiten

Alfred Bierach
Schlank im Schlaf durch vertiefte Entspannung
Die SIS-Methode

ECON Ratgeber

ETB 20008 **DM 6,80**
144 Seiten,
1 Graphik

Waltraud Simon
Praxis der Eheinstitute

ECON Ratgeber

ETB 20062 **DM 8,80**
Originalausgabe,
139 Seiten

Mavis Klein
Ein Partner für mich
Wege zu Freundschaft und Liebe

ECON Ratgeber

ETB 20028 **DM 7,80**
156 Seiten,
21 Graphiken

Debora Phillips
Robert Judd
Das Ende einer Zweierbeziehung

Auf dem Weg zum neuen Ich
ECON Ratgeber

ETB 20066 **DM 8,80**
Deutsche Erstausgabe,
143 Seiten

Stephen M. Johnson
Nach der Trennung wieder glücklich

ECON Ratgeber

ETB 20041 **DM 9,80**
287 Seiten

Roland Kopping
Träume und ihre Deutung

ECON Ratgeber

ETB 20120 **DM 9,80**
Originalausgabe,
ca. 200 Seiten

Georg Götte
Ahnenforschung

So erstellt man seinen Stammbaum
ECON Ratgeber

ETB 20119 **DM 8,80**
Originalausgabe,
ca. 144 Seiten,
10 Zeichnungen

Manfred Lucas
Hören, um gehört zu werden

Die Kunst des richtigen Zuhörens
ECON Ratgeber

ETB 20146 **DM 8,80**
Originalausgabe,
ca. 128 Seiten

Bernd Kirchner
Die trügerische Sicherheit
Tips für den Umgang mit Versicherungen

ECON Ratgeber

ETB 20053 **DM 9,80**
205 Seiten

Kinder- und Schülerhilfen

W. Zeise/J. A. Stöhr
Kinder-Medizin, Pädagogik, Psychologie
Ein Lexikon
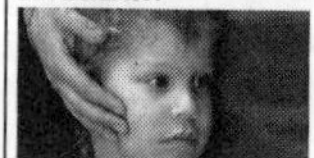
ECON Ratgeber

ETB 20043 **DM 16,80**
Aktualisierte Neuausgabe,
534 Seiten,
111 Zeichnungen

Emil und Octavia Wieczorek
So fördere ich mein Kind
100 psychopädagogisch erprobte Spiele

ECON Ratgeber

ETB 20054 **DM 8,80**
Originalausgabe,
182 Seiten

Hannes Lachenmair
Eltern-initiativen
Wir organisieren einen Kindergarten

ECON Ratgeber

ETB 20046 **DM 9,80**
Originalausgabe,
204 Seiten

Fitzhugh Dodson
Väter sind die besten Mütter

Kinder brauchen ihre Väter

ECON Ratgeber

ETB 20056 **DM 9,80**
280 Seiten

Günther Beyer
So lernen Schüler leichter
Gedächtnis- und Konzentrationstraining

ECON Ratgeber

ETB 20001 **DM 6,80**
128 Seiten,
92 Zeichnungen,
49 Übungen

Arnold Grömminger
Kinder wollen lesen
Über die sinnvolle Auswahl von Büchern

ECON Ratgeber

ETB 20033 **DM 7,80**
112 Seiten

Uwe-Jörg Jopt
Schlechte Schüler - faule Schüler?
Wie Eltern helfen können

ECON Ratgeber

ETB 20045 **DM 7,80**
143 Seiten

Rudolf Meinert
Mein Kind in der Pubertät

ECON Ratgeber

ETB 20047 **DM 7,80**
136 Seiten

Gisela Eberlein
Ängste gesunder Kinder
Praktische Hilfe bei Lernstörungen

ECON Ratgeber

ETB 20010 **DM 7,80**
158 Seiten

Joan Freeman
Erziehung und Intelligenz
Natürliche Anlagen erkennen und fördern

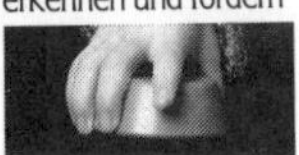

ECON Ratgeber

ETB 20044 **DM 9,80**
191 Seiten

Jerry Jacobs
Ich weiß keinen Ausweg mehr
Hilfe für selbstmordgefährdete Jugendliche

ECON Ratgeber

ETB 20040 **DM 9,80**
176 Seiten

Astrologie

Hanns-Manfred Heuer
Mein Kind ist Widder

Vom 21. März bis 20. April

ECON Ratgeber

ETB 20121 **DM 6,80**
112 Seiten,
10 Zeichnungen

Hanns-Manfred Heuer
Mein Kind ist Stier

Vom 21. April bis 20. Mai

ECON Ratgeber

ETB 20122 **DM 6,80**
112 Seiten,
10 Zeichnungen

Hanns-Manfred Heuer
Mein Kind ist Zwilling

Vom 21. Mai bis 21. Juni

ECON Ratgeber

ETB 20123 **DM 6,80**
112 Seiten,
10 Zeichnungen

Hanns-Manfred Heuer
Mein Kind ist Krebs

Vom 22. Juni bis 22. Juli

ECON Ratgeber

ETB 20124 **DM 6,80**
112 Seiten,
10 Zeichnungen

Hanns-Manfred Heuer
Mein Kind ist Löwe

Vom 23. Juli bis 23. August

ECON Ratgeber

ETB 20125 **DM 6,80**
112 Seiten,
10 Zeichnungen

ETB 20126 DM 6,80
112 Seiten,
10 Zeichnungen

ETB 20127 DM 6,80
112 Seiten,
10 Zeichnungen

ETB 20128 DM 6,80
112 Seiten,
10 Zeichnungen

ETB 20129 DM 6,80
112 Seiten,
10 Zeichnungen

ETB 20130 DM 6,80
112 Seiten,
10 Zeichnungen

ETB 20131 DM 6,80
112 Seiten,
10 Zeichnungen

ETB 20132 DM 6,80
112 Seiten,
10 Zeichnungen

Umwelt, Ökologie

ETB 20064 DM 9,80
Originalausgabe,
222 Seiten,
über 100 Zeichnungen

ETB 20095 DM 8,80
Originalausgabe,
160 Seiten,
ca. 10 Abbildungen

ETB 20051 DM 9,80
Originalausgabe,
191 Seiten,
68 Zeichnungen

Praxis

ETB 21001 DM 9,80
Originalausgabe,
192 Seiten

ETB 21004 DM 5,80
Originalausgabe,
90 Seiten

ETB 21020 DM 8,80
Originalausgabe,
ca. 128 Seiten

Manfred Lucas
Arbeitszeugnisse richtig deuten

ECON Praxis

ETB 21016 **DM 8,80**
Originalausgabe,
ca. 128 Seiten

Manfred Bosse
Was tun bei Kündigung?

Rechte und Möglichkeiten des Arbeitnehmers

ECON Praxis

ETB 21014 **DM 9,80**
Originalausgabe,
298 Seiten

Axel Winterstein
Vorankommen durch Weiterbildung

ECON Praxis

ETB 21015 **DM 9,80**
Originalausgabe,
ca. 160 Seiten

Axel Winterstein
Abitur – was dann?

Berufschancen mit und ohne Studium

Mit Eignungstest

ECON Praxis

ETB 21018 **DM 9,80**
Originalausgabe,
ca. 176 Seiten

C.V. Rock
Berufsalternativen für arbeitslose Lehrerinnen und Lehrer

Möglichkeiten in selbständigen und nichtselbständigen Bereichen

ECON Praxis

ETB 21006 **DM 9,80**
Originalausgabe,
191 Seiten

Renate Gorges
Job-Sharing

Möglichkeiten für Arbeitsteilung und Arbeitszeitorganisation

ECON Praxis

ETB 21002 **DM 9,80**
Originalausgabe,
170 Seiten

Harry Holzheu
Gesprächspartner bewußt für sich gewinnen

Psychologie und Technik des partnerorientierten Verhaltens

ECON Praxis

ETB 21003 **DM 8,80**
Originalausgabe,
192 Seiten

Anton Stangl
Das Buch der Verhandlungskunst

Psychologisch richtig verkaufen

ECON Praxis

ETB 21008 **DM 12,80**
376 Seiten

Gerd Ammelburg
Die Rednerschule

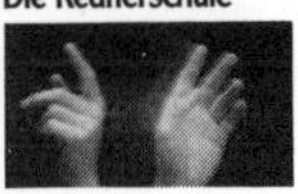

Reden, verhandeln, überzeugen

ECON Praxis

ETB 21010 **DM 12,80**
192 Seiten,
11 Fotos,
25 Zeichnungen

Wolfgang Zielke
Informiert sein ist alles

Die Papierflut sinnvoll nutzen

ECON Praxis

ETB 21007 **DM 8,80**
185 Seiten

Ullrich Sievert
Mehr Zeit für das Wichtige

Prinzipien, Methoden, Techniken

ECON Praxis

ETB 21013 **DM 9,80**
154 Seiten

Rolf W. Schirm
Kürzer, knapper, präziser

Erfolgreiche Kommunikation im Büro

ECON Praxis

ETB 21023 **DM 8,80**
112 Seiten

Jürgen Bleis
Hellmut W. Hofmann
Schach und Management

Wie man zum Zuge kommt

ECON Praxis

ETB 21009 **DM 14,80**
248 Seiten,
37 Diagramme

Antony Jay
Management und Machiavelli

Von der Kunst, oben zu bleiben

ECON Praxis

ETB 21017 **DM 9,80**
264 Seiten

Anton Stangl
Verkaufen muß man können

Eine praktische Verkaufs- und Verhandlungsstrategie

ECON Praxis

ETB 21012 **DM 8,80**
127 Seiten

Klaus Oberbeil
Verkaufen mit Video

Möglichkeiten, Erfahrungen, Zukunftschancen

ECON Praxis

ETB 21005 **DM 12,80**
Originalausgabe,
171 Seiten

ETB 21011 **DM 12,80**
Originalausgabe,
205 Seiten

ETB 21021 **DM 8,80**
Originalausgabe,
ca. 128 Seiten

ETB 21022 **DM 8,80**
Originalausgabe,
ca. 128 Seiten

Bestellschein ETB

Ich bestelle hiermit aus dem ECON Taschenbuch Verlag, Postfach 9229, 4000 Düsseldorf 1, durch die Buchhandlung:

Buchhandlung:

Ex. Ex.

Ex. Ex.

Ex. Ex.

Ex. Ex.

Ex. Ex.

Name:

Straße: Ort:

Datum: Unterschrift:

Preisänderungen und Irrtum vorbehalten. Stand 1. 8. 1985